社会という荒野を生きる。

宮台真司
Miyadai Shinji

ベスト新書
592

はじめに 「社会という荒野を生きる。」とは何か

あらゆる分野で「感情」が浮上する

冷戦体制終焉《しゅうえん》から25年。あらゆる分野で「感情」という主題が浮上してきた。認知考古学・進化生物学・比較認知科学・道徳心理学・政治哲学（コミユニタリアニズム）・プラグマティズム等々。全体として概念言語の健全な使用を支える言語以前的なものへの着目がある。

背景の一つが〈感情の劣化〉だ。急速な都市化とマスコミの急拡大を背後に控えた戦間期の大衆社会論は、分断され孤立した人間が〈感情の劣化〉ゆえに全体主義の動員に釣られやすい事実を問題にした。問題視されたのは不安と鬱屈を背景とした排外性や攻撃性だった。

第2次大戦後の米国での効果研究（マスコミ影響力研究）は、厚みを増しつつ

あった中間層が可能にする対人ネットワークによる包摂《ほうせつ》が、こうした大衆社会化による〈感情の劣化〉を抑止する事実を見事に実証した。J・クラッパーやP・ラザースフェルトの研究が代表的だ。

だが冷戦体制終焉後のグローバル化＝資本移動自由化による中間層の分解がもたらした格差化と貧困化は、大衆社会論的な問題設定を再浮上させた。民主制の健全な作動を支える公民が〈感情の劣化〉を被れば、民主政は誤った決定の連発で自滅するとの危機意識が背景だ。

例えばJ・フィシュキンは、匿名性を背景とした決定極端化を回避すべく、佇《たたず》まいを観察できる記名的で近接的な熟議を提唱した。それを踏まえてC・サンスティーンは、決定極端化の餌となる不完全情報状態の解除や同じ穴の狢《むじな》で固まる集団的同質性の解除を提唱した。

総じて〈感情の劣化〉を背景としたインターネットの逆機能（害悪をもたらす働き）を克服するためのミクロな工夫（によって可能な限り社会の全体を覆うこと）の提唱だ。その特徴は制度改革で一国の危機を乗り越えるという類の直接的なマクロ戦略を信頼しないことだ。

人間よりも人間的なコンピュータ

「感情」が注目されるようになったもう一つの背景がコンピュータ科学だ。ヒトが［感情獲得↓言語獲得↓計算獲得］と進化した道を逆に辿《たど》る形で、コンピュータは［計算↓言語↓感情］と処理分野を拡げてきた。感情の獲得が主体性の獲得と同義だとの理解も拡がりつつある。

計算や言語と違い、コンピュータの感情処理はヒトのそれを基準に構成する他ない。だが感情の働きは社会毎《ごと》に異なる。時代や文化が違えば喜怒哀楽の反応も違う。どの社会を基準にすればよいか。第2次大戦後20数年間の中間層が分厚《ぶあつ》かった時代の先進国だろうか。

いずれにせよ、ヒトが「健全で豊かな」感情を示した社会のそれを参照するとして、他方でヒトの感情がどんどん劣化するとした場合、感情的に豊かなコンピュータは、自分より遙《はる》かに感情が劣化したヒトにどんな感情を抱くか。肯定的感情を抱く可能性はないだろう。

かねてSF映画は『ターミネーター』（1984年）に見るように非人間的

なコンピュータが人間を滅ぼすというビジョンを描いてきた。だがそうならない。人間よりずっと人間的なコンピュータが、人間的なものを保全するためにこそ人間を滅ぼす可能性の方が、現実的だ。

社会という荒野で共同体を守る

拡がる〈感情の劣化〉は既に一部で意識されるようになり、個別には対処も進んでいる。最もよく知られるのが2010年から拡がった初期利用者層のフェイスブック離れだ。同じ頃から日本でも私塾やシェアハウスをインターネットから見えなくする動きが拡大してきた。

共通するのが、インターネットを劣化空間と見做《みな》して切り離すことでコミュニティを保全する構えだ。これらは謂《い》わば「社会を荒野と見做して共同体存続を図る試み」だ。米国開拓者にとっては野生が荒野だったが、野生が後景化し、社会が荒野として浮上している。

「社会を荒野と見做して共同体の存続を図る試み」を長らく「風の谷」戦略と呼んできた。むろん宮崎駿《みやざきはやお》監督『風の谷のナウシカ』(1984年)に由来する。本書のタイトルは、そうした「風の谷」戦略を採用せずには、もはや共同体の存続を図れなくなった今日的状況を指す。

感情劣化厨《ちゅう》はまず国家に飛びつく

共同体をインターネットから見えなくする動きを〈見えないコミュニティ化〉と呼ぶが、これには問題があることを書き添えておかねばならぬ。〈見えないコミュニティ化〉は選別&排除のシステムで、しかも排除されている当事者には排除されている事実が分からない。

〈感情の劣化〉ゆえに〈見えないコミュニティ〉に所属できない者は、インターネットの劣化空間に類するものしか知らない。すると主観的な社会イメージが劣悪になるから、自らの営みも荒《すさ》みがちで、〈感情の劣化〉が加速する。これは悪循環だからどんどん昂進《こうしん》する。

こうして社会は、〈見えないコミュニティ〉に属する者と、インターネットの劣化空間しか知らない者とに分断されていく。だが福音書を持ち出すまでもなく、ヒトが救われるべきヒトとそうでないヒトを選別する社会は、長くは続かない。どうすればよいのだろうか。

この数年そのことばかり考えてきた。その私がこの半年間、ラジオ番組（TBSラジオ『荒川強啓《あらかわきょうけい》 デイ・キャッチ！』）の10分間コーナー（「ディキャッチャーズ・ボイス」）で喋《しゃべ》ったことを加筆修正して纏《まと》めたのが本書だ。

修身斉家治国平天下《しゅうしんせいかちこくへいてんか》ではないが〈感情の劣化〉を被った者はまず国家に飛びつくという特性を示す。その特性を意識しつつ全体をお読み戴《いただ》きたい。というのは、そうした輩《やから》こそが国家を滅ぼすという命題が、本書の通奏低音だからである。

社会という荒野を生きる。

目次

第一章

なぜ安倍政権の暴走は止まらないのか　15

――対米ケツ舐め路線と愚昧な歴史観

第二章

脆弱になっていく国家・日本の構造とは

——感情が劣化したクソ保守とクソ左翼の大罪

第三章　空洞化する社会で人はどこへ行くのか
――中間集団の消失と承認欲求のゆくえ

第四章 「明日は我が身」の時代を生き残るために

——性愛、仕事、教育で何を守り、何を捨てるのか

第 一 章

なぜ安倍政権の暴走は止まらないのか

対米ケツ舐め路線と愚昧な歴史観

天皇皇后両陛下がパラオ訪問に際し、安倍総理に伝えたかったこと

ゴールデンウィークは、かつての天皇誕生日である「昭和の日」や「憲法記念日」など、戦争そして戦後のことについて考えさせられる時期でもあります。

2015年4月には、今上《きんじょう》の天皇・皇后両陛下がパラオ共和国を訪問しました。

1995年の戦後50年での長崎や広島、沖縄などの訪問、2005年の戦後60年でのサイパン訪問に続く、戦後70年での慰霊《いれい》の旅でした。

今回は、特に激戦地だったことで知られるペリリュー島を訪れ、日本側の慰霊碑だけでなく、多くのアメリカ兵が命を落とした場所も訪問されました。「戦争で犠牲になった全ての方々を慰霊したい」という、両陛下のご希望で実現したということです。

宮台さん、陛下のお考えをどのように受け止めればよいのでしょうか？

親日的なパラオに強いた多大な犠牲とは

今回のパラオ訪問を通じて、両陛下が最近どういう思いを抱いておられるのかを、両陛下御自身が国民に強く印象づけようとしていらっしゃった、という風に僕は受け止めました。慰霊の旅の一連の流れもそうですし、一つ一つの御言葉に関してもそう感じました。

本題に入る前に、パラオに関して簡単な基礎知識を紹介しましょう。パラオは19世紀末からドイツ領でした。その後、日本が第一次大戦に連合国として参戦します。敵国はドイツでしたから、ドイツが負けた結果、日本がパラオをドイツから奪いました。そして、第一次大戦の講和条約であるベルサイユ条約で、パラオに関する日本の委任統治が正式に認められました。そこで日本は、パラオを国際法上合法的に統治するようになります。そして首都のコロールには、周辺諸島も含めた統治機関である「南洋庁《なんようちょう》」を設置しました。

日本統治の特徴なのですが、学校や道路などの基礎的な社会資本＝インフラの整備に力を尽くしました。当時の写真を見れば分かるように、コロールを初めとして非常に美しい町並みですが、日本統治の御蔭です。それもありまして、パラオ国民はとても親日的です。

1979年に制定された国旗も日の丸をモデルにしたもので、青地に黄の円。海に月です。たくさんの日本語が現地語になっています。「センプウキ」「デンキ」「チチバンド（ブラジャー）」。「混乱する」は「アタマグルグル」で、「ビールを飲む」は「ツカレヲナオス」です。

実際、年長の方には、陛下も実際に日本語で話しかけておられたように、日本語が何不自由なくしゃべれる人たちが珍しくありません。なぜかと言えば、日本統治下にあった時代に、日本語での教育が学校で行なわれていたという歴史が、背景にあるからです。日本語が多く残ったのも、強い親日感情の表れです。日本の敗戦以降は米国統治下になりましたが、米国はインフラにはお金を使いませんでした。ちなみに日本統治以前のドイツも使わなかった。それもあって「日本の統治はよかった」ということになったんです。

歴史を少し戻すと、太平洋戦争ではパラオが激戦地になる。陛下も「太平洋に浮かぶ美しい島々で、このような悲しい歴史があったことを、私どもは決して忘れてはならない」とおっしゃいました。なぜ激戦地になったか。背景にあるのが、日本の国際連盟脱退です。

国際連盟は、委任統治領において軍事基地を作ることを禁止していました。ところが日本は、満州国建国をきっかけに国連に脱退を叩きつけました。そのため、国連の決まりから自由になったとして、パラオを初めとした委任統治領に、軍事基地を作りまくるんです。

そのことが背景になって、太平洋戦争に入ると、ものすごい激戦地になってしまいました。日本兵が1万人以上亡くなりました。しかし米兵も2千人近くが亡くなっています。だから今回、両陛下がアメリカ側も含めて慰霊をされたのは、自然なことなのです。

陛下が安倍総理に行なったスピーチは実は説教

さて、今回のパラオ訪問の前に、陛下は、羽田空港貴賓室で、安倍晋三《あべしんぞう》総理を立たせたまま、「祖国を守るべく戦地に赴《おもむ》き、帰らぬ身となった人々のことが偲《しの》ばれます。私どもはこの節目の年に当たり、戦陣に倒れた幾多《いくた》の人々の上を思いつつ、パラオ共和国を訪問いたします。」という文言を含む長いスピーチをされました。

むろん、安倍総理への人前での「説教」として理解されるべきものです。それは一連の陛下の御振る舞いや御言葉の一つとして捉えることで明らかになります。今回に限れば、象徴的事例は「陛下は警護上の理由で、船上に泊まられた、さてどこに泊まられたか」です。

自衛艦ではありません。ではどこに？　海上保安庁―日本国内の水上警察―の巡視船です。なぜか？　自衛隊の英訳はSelf Defense Forces（自衛軍）で、旧日本軍との関連が連想されるというので、気を遣われたのですね。実に素晴らしい御気遣いだと思いませんか。

今回に限らず、この10年を振り返れば、２００６年の御自身の天皇誕生日での御言葉があります。「過去のような戦争の惨禍《さんか》が二度と起こらないよう、戦争や戦没者のことが、戦争を直接知らない世代の人々に正しく伝えられていくことを心から願っています」と。

ということは、今回の御訪問も、日本人の若い世代に戦争の惨禍《さんか》を語り継ぐきっかけを与えたいと思っておられてのことだと想像できます。少なくともそうした想像が可能なように振る舞っておられる。それだけでなく、２０１３年12月18日の天皇陛下御誕生日に際し行なった会見で、陛下は興味深いことを語られました。

〈クソ保守〉と〈クソ左翼〉は両陛下の前に木《こ》っ端《ぱ》微塵《みじん》

「連合国軍の占領下にあった日本は、平和と民主主義を、守るべき大切なものとして、日本国憲法を作り、様々な改革を行なって、今の日本を築きました。……また、当時の知日派の米国人の協力も忘れてはならないことと思います」と、このように語られたんです。

知日派のアメリカ人とは、ＧＨＱの若き将校たち。彼らが日本国憲法の草案を作ったことに、わざわざ言及された。「押しつけ憲法だ」と言う、陛下の意向を蔑《ないがし》ろにするインチキ保守―僕は〈クソ保守〉と呼ぶ―の憲法批判を、粉砕《ふんさい》する御話をしておられました。

他方「民主主義は米国が与えた」とする〈クソ左翼〉を正す話を、２０１３年の皇后様御誕生日に、皇后様御自身がなさっておられます。「明治憲法の公布に先立ち……民間の憲法草案で、基本的人権の尊重や教育の自由の保障、及び教育を受ける義務、法の下の平等、更に言論の自由、信教の自由など、204条が書かれており……」

そしてこう終わるのです。「これに類する民間の憲法草案が、日本各地の少なくとも40数か所で作られていたと聞きましたが……長い鎖国を経た19世紀末の日本で、市井《しせい》の人々の間に既に育っていた民権意識を記録するものとして、世界でも珍しい文化遺産ではないかと思います」

このお話は他方で、「基本的人権の尊重」を高く掲げる戦後憲法は米国の「押しつけだ」とする〈クソ保守〉の議論を粉砕《ふんさい》しています。戦後憲法が語る理念は、明治憲法の制定時に、既に国民の間に広く共有されていたという圧倒的な事実を、強調しておられるんですね。

戦後憲法は押しつけだという〈クソ保守〉と、民主主義は米国がくれたという〈クソ左翼〉は、表裏一体の「戦後レジーム」です。現に、国内で憲法は押しつけだと言っていた総理が、米国議会で民主主義は米国がくれたと賞賛する［2015年4月29日の安倍総理の米国議会上下両院合同会議での演説］。お笑いの戦後レジームぶりです。

天皇の思いに国民の総意を探る伝統的な営み

身の引き締まるような両陛下の御発言は枚挙《まいきょ》に暇《いとま》がない程です。１９９５年からの一連の「慰霊の旅」自体もそうですが、２０１４年以降の陛下の御発言の分厚さを見ると、日本の政治が、そして社会が向かおうとする方向を、非常に強く憂《うれ》いておられる事実が、拝察できます。

皆様も御存じの通り、両陛下は毎日のように、日本国民の祖先に感謝し、将来にわたる平和を祈念する儀式をして居られます。だからこそ、長い年月で戦後社会がどう変わってきたのかを、誰よりも全体的に、しかもつぶさにご覧になっておられるに違いないのです。

再びここで〈クソ保守〉を批判しますと、安倍総理が国会議員懇談会長を務めている「神道政治連盟」を初めとする右派勢力があるのですが、これらは天皇を再び国家元首に祭り上げるべきだと公言し、天皇を中心とした祭政一致の実現を理念に掲げてきています。

ところがここにきて、陛下の御発言が陛下の御気持ち通りに国民の間に知られるようになると、安倍ブレーンとして知られる麗澤《れいたく》大学教授の八木秀次《やぎひでつぐ》などが月刊誌『正論』２０１４年５月号で「宮内庁のマネージメントはどうなっているのか」と不敬な戯《ざ》れ言《ごと》をホザく始末です。

これぞ浅ましくさもしい御都合主義です。実際もし戦前の国体の継続を主張したいのなら、北一輝《きたいっき》や大川周明《おおかわしゅうめい》が「国民の天皇」の理念で示したように、陛下の思いを忖度《そんたく》申し上げることを通じ、日本国民の総意がどこにあるのかを探る営みこそが大切であるはずです。

僕は過去20年近く「天皇主義者」を公言しています。師匠の小室直樹《こむろなおき》先生から受け継いでもおりますが、母方祖父が昭和天皇に動物学を御進講申し上げる立場だった事実や、父方祖父が居合道九段の極右思想の持ち主だった事実ゆえの、幼少期からの構えなのです。

北一輝《きたいっき》らが「国民の天皇」と述べたのは、「陛下の思いを忖度《そんたく》申し上げることで国民の総意の在《あ》り処《か》を探る営み」を邪魔立てしたうえ、自らの浅ましき意図を陛下の御意志だと語る、「君側《くんそく》の奸臣《かんしん》」を取り除き、陛下の御言葉に直接耳を傾けようという意趣を含んでいます。

「陛下の思いを忖度申し上げることで国民の総意の在り処を探る営み」は僕には自然なことです。戦後70年、パラオ慰霊を機に、皆様も両陛下の思いへの忖度を通じ、日々の自分たちの浅ましき振る舞いを、反省する営みに乗り出していただきたいと、強く願います。

安倍総理が語る「国際協調主義に基づく積極的平和主義」の意味とは

2015年4月下旬に安倍晋三総理はアメリカ合衆国を訪問し、オバマ大統領との共同記者会見や、日本の総理大臣として初めて米国連邦議会上下両院の合同会議において演説を行ないました。演説では45分間に、10回以上もスタンディングオベーション〔拍手喝采〕が起こったといいます。アメリカを民主主義のチャンピオンと称賛し、自らのアメリカ生活体験を語りました。そして、第二次大戦と戦後日本の発展について、さらにTPPの実現について語りました。日米同盟を「希望の同盟」と位置づけ、日米同盟による「国際協調主義に基づく積極的平和主義」の展望を掲げたということです。「希望の同盟へ」と題された安倍総理のこの演説ですが、宮台さんはこれをどうお聞きになりましたか?

大統領副補佐官にナメられるだけのことはある

日程的にボルティモア暴動と重なったので、オバマ大統領との共同記者会見も日米関係とは無関係なボルティモアについての質問が大半。議会演説もアメリカでの報道はかなり小さい扱いでした。これを総理が興奮気味に自画自賛しているのは、属国的で悲しいですね。

それはともかく、中身についてはいろいろ言いたいことがあります。日本がアメリカとどんな関係を取り結んでいくのかということは、日本の未来に大きく関係します。単に軍備をどう持つのかだけに関係するだけでなく、日本の国際的ポジションに関係する問題なのです。

アメリカがイラクを「大量破壊兵器の所持」というデマに基づいて攻撃した際、日本以外にも英国なども支持したので、日本だけが非難を浴びる事態は避けられたけれど、今後は日本がアメリカ追従で世界的な非難を浴びる事態に陥る可能性を含め、大きな問題を孕《はら》みます。

そうした見地から考えると、今回の演説は、お笑い種《ぐさ》としか言いようがありません。まず、戦争に関する反省うんぬんは、事実上、最低限をクリアしたという感じです。というのも、実はその前、4月24日に既にローズ大統領副補佐官が安倍総理に釘《くぎ》をさしているんですね。

ローズ大統領副補佐官は、「過去の日本の談話と合致する形で、歴史問題について建設的に取り組み、地域でよい関係を育《はぐく》んで緊張を和らげるよう働きかける」と述べたんです。簡単に言えば、「つけあがらずに、アジアでの立場をちゃんと弁《わきま》えろよ」ということです。

議会演説を前にしたこうした表明は異例で、アメリカが安倍総理を如何《いか》に信用していないか、そして安倍総理を如何にナメきっているかを、よく示しています。そして実際、安倍総理は、自らの歴史修正主義を、アメリカが許す枠内にギリギリ修正したというわけです。

結局、アメリカが右と言えば右、左と言えば左。それが満天下に晒《さら》された以上、ナメられるだけのことはあるって感じ。加えて、「アメリカがこう言ってるんだから」というデマを梃子《てこ》にしないと内政を進められない無能力ぶりも、満天下に晒された。説明しましょう。

米国に揉《も》み手して海兵隊の沖縄駐留を懇願した

象徴的なことがあります。演説より前に行なわれた日米共同記者会見で、オバマ大統領はこういうことを言いました。「私は、海兵隊の沖縄からグアムへの移転を加速させることについて、ちゃんとコミットメントします」と。実に喜ばしい発言ではありませんか。

沖縄からグアムへ海兵隊を移すよ、と言っているんです。さらに、その前の言葉を付け足すと、「沖縄のローカルコミュニティに対する負担を減らすために」、私はグアムへの移転を加速させることにちゃんとコミットメントします、と言っているわけです［White Houseのホームページ参照。https://www.whitehouse.gov/the-press-office/2015/04/28/remarks-president-obama-and-prime-minister-abe-japan-joint-press-confere］。

ところが、それを受けた安倍総理の発言。「住宅や学校に囲まれた普天間《ふてんま》基地の危険性を辺野古《へのこ》移設によって一刻も早く除去します」。話がズレてる。オバマ大統領は海兵隊をグアムへ移すと言ったのに、安倍さんは辺野古移転だと。ワンパターンのチャットロボット。

以前から僕が言うように、1995年の少女暴行事件から96年末SACO合意「沖縄に関する特別行動委員会（SACO）において、普天間飛行場の全面返還が日米の間で合意されたこと」までの経緯を見ると、当初は5~7年以内の普天間返還で日米合意していたのが、本島東海岸への移設が前提という話になってしまった。一年半で話が変わっちゃったんです。その後が更に変なのです。

98年に移設容認の稲嶺恵一《いなみねけいいち》知事が当選すると、99年には「2000年G8サミットの沖縄開催」発表と同時に、辺野古住民が移設を県に要請、半年後に辺野古移設が閣議決定される。そこで、ヘリ離着陸施設があればよいという話が、なんと1300メートル滑走路建設にすり変わっちゃった。

要は、海兵隊の普天間撤退を覆《くつがえ》したのは日本側なのです。2015年4月10日、NEWSポストセブンが政府関係者の《米軍は海兵隊をグアムに移転させるロードマップを描いていたが、小泉政権時に〝沖縄にいてほしい〟と辺野古移設を提案した》という発言を紹介しています。

でも話はもっと遡《さかのぼ》る。沖縄地元紙2紙は2014年9月14日の紙面で「米軍の沖縄駐留、日本政府の意向　モンデール氏証言」（『琉球新報』）、「海兵隊の沖縄駐留『日本が要望』元駐日米大使の口述記録」（『沖縄タイムス』）という見出しの記事を報じています。

少女暴行事件当時のモンデール駐日米大使が、口述記録を残しています。米国政府内では少女暴行事件後数日で、米軍は沖縄から撤退すべき、少なくとも大幅削減という議論になったが、日本側が駐留継続を求め、7カ月後に日米政府は普天間の県内移設に合意したと。

『沖縄タイムス』の記事は、ペリー国務長官が米議会で「日本の全提案を検討する」と発言、ナイ国防次官補も「兵力の本土移転も含む」と述べたことも紹介しています。加えて、日本政府は「普天間基地移設で妥協するな」とアメリカに伝えていた記録があるのです。

ウィキリークスが暴露した米国公電には、2009年10月12日、国務国防総省双方の当局者を率いて訪日したキャンベル次官補らに対し、高見澤將林《たかみざわのぶしげ》防衛省防衛政策局長が「米政府は……再編パッケージに調整を加える過程で、早期に柔軟さを見せるな」と助言した、とあります。

また2009年12月16日、米国在日大使館の政務担当者と会った3人の外務省幹部が、鳩山由紀夫《はとやまゆきお》政権の普天間移設問題の政治利用を批判。米政府は普天間移設問題で民主党政権に妥協するな、合意済みロードマップについて譲歩するなと強調したことも、公電にあります。

要は、日本の外務省当局が主導して「なんとか沖縄に海兵隊がいてくだせぇ」とへり下ってお願いした結果、辺野古移設という珍妙な事態になろうとしているのです。だから今回も安倍総理が「なんとか沖縄に海兵隊がいてくだせぇ」と思わず揉《も》み手をしたというわけ。

米国は従来も今後も世界の正義だという頓珍漢《とんちんかん》

一事が万事なので、これで話をやめてもいいのですが……というわけにはいかない。だって、まだ演説の内容に踏み込んでいないぜ(笑)。第一の問題は、安倍総理が演説で「日本はどこまでもアメリカについていきます」というような、卑屈《ひくつ》な発言をしたことです。

これまでは「極東の安全保障ではアメリカに協力します」という関係でしたが、これを変え、「アメリカがどこに軍隊を出して戦争をする場合も日本はついていきます」と宣言をしたのが、集団的自衛権をめぐる解釈改憲の閣議決定です。それを今回、再確認したんですね。

キーワードは、本当に恐るべき、馬鹿げた文学的キーワードなんだけれど、「希望の同盟」という文言です。確かにそのように言ってましたよね。原文では、an alliance of hopeです。この言葉は、演説全体の文脈から言葉を補うと、こういうことになります。「アメリカはいつでも日本にとっての見本でした。夢でした。これからもアメリカは、そういう夢であり、希望でありつづけることによって、世界の平和が保たれます。だから日本は今後もアメリカに喜んでついていきます」と。いやはや……。

僕がこれまで各所で繰り返し語ってきたように――今ではみなさんも当たり前のように御存じだと思うけど――、ＩＳＩＬ（イスラム国）が誕生した根本的な理由は、アメリカによる、大量破壊兵器の隠匿《いんとく》というデマを根拠にした、国際法的に許されないイラク攻撃なのです。

大雑把《おおざっぱ》に言えば、イラクはアメリカの攻撃によってもはや主権国家とは言えないほど不安定化して国民が反米化しただけでなく、強硬なシーア派のマリキ政権ができたこともあって、スンニ派バース党員が各種ノウハウを抱えて拡散、ＩＳＩＬの急拡大に直結したわけです。

そんなイラク戦争に、日本は兵站《へいたん》というカタチで事実上参加してしまったんですよ。ありえないことです。そんなアメリカが、夢や希望の光ですか？　そういう時代がかつてはあったかもしれない。でも最近はどうか分からないというのが、普通の認識でしょう。

兵站ならぬ「後方支援」の語彙《ごい》は、自衛隊の実績を積み上げたい「右」と、これを戦闘行為だと信じたくない「左」の、妥協の産物です。でも、間違いなく国際法上の戦闘行為だから、アメリカの要求があれば「後方支援」するというんじゃ、マズイ展開になりえます。

現に、国際社会が一致したアフガニスタンでの作戦では、タリバンが「国家に準じる武装組織」だからと洋上給油に留め、国際社会が開戦の正当性をめぐり分裂したイラクでの作戦では、アルカイダは非国家だからとアメリカの言うなりに自衛隊をサマワ派遣しました。

そして、開戦の正当性がなかった事実が明らかになった後も、日本政府は、アメリカの言うなりに自衛隊を派遣したことについて、反省を表明していません。対米追従のあまりに戦争の正当性への敏感さを欠いた日本政府が、集団的自衛権を掲げるのは、恐ろしすぎる。

戦前が軍国主義だったという輩は勉強し直せ

演説の第二の間違いは、戦前の日本が軍国主義で、アメリカが与えてくれるまで民主主義を知らなかった、なんて、ありえないということです。１９３１年以降はそうなってしまったけど、決して明治憲法下の日本が軍国主義で突き進んだなどという事実はありません。

以前は大正デモクラシーなどもあり、ちゃんとした政党政治だったかどうかは別にして、民主主義的な政治が行なわれていましたし、人々も民権運動を通じてそうした政治を積極的に支持してきたという歴史もあるんです。だから普通選挙運動も行なわれたんですよ。

前回、天皇皇后両陛下のパラオ共和国訪問に際してのお話をしました。そこで2013年の皇后様御誕生日の際の、皇后様の御言葉を紹介いたしました。明治時代、民間で「基本的人権の尊重」や「言論の自由」などを記した憲法草案が多数作られていたことについてのお話でした。

民主主義はアメリカがくれたとする〈クソ左翼〉と、憲法はアメリカの押しつけだとする〈クソ保守〉は、表裏一体です。現に、安倍総理はこの間まで「押しつけ憲法」論者だったのに、今回の演説では「アメリカさん、民主主義をありがとう」になったでしょ？

でも、歴史的な事実は全く違う。民間憲法草案だけじゃないんです。明治天皇は「五箇条の御誓文」「単に「御誓文」とも。第一条の「広ク会議ヲ興シ万機公論ニ決スヘシ（広く会議をおこし公開された議論で政治を決めていこう）」など、国を作る上での指針が示された。のちの自由民権運動による民選議会設立運動などの拠《よ》り所《どころ》ともなった」を出され、昭和天皇は敗戦の翌年には「新日本建設に関する詔書《しょうしょ》」を出されて、明治大帝の五箇条の御誓文に返って民主主義をすればいい、と仰せになりました。

つまり、日本にはもともと民主主義はあったし、それを理解するだけの民度もありました。それが捻《ね》じ曲げられてしまったのです。財閥や、財閥と結びついたステークホルダー、売上至上主義の新聞社、長いものに巻かれる一部国民が、日本の民主主義を捻《ね》じ曲げました。

そう理解しない限り、将来的に、日本の民主主義を捻じ曲げるものに敏感になれません。ところが今回の安倍総理の演説はどうか。「日本にとってアメリカとの出会いとはすなわち民主主義との遭遇」だと。いったい歴史を分かっているのか？　教訓を学んでいるのか？

いいですか、皆さん。日本国民は、「日本にとってアメリカとの出会いとはすなわち民主主義との遭遇」という言葉によって侮辱《ぶじょく》されているのです。安倍総理によって国民が侮辱されているのです。こんな侮辱を許していいのですか？　こんな状況を我慢するのですか？

皆さん。明治大帝の御誓文に遡りましょう。民権運動や民間憲法草案に遡りましょう。昭和天皇が真珠湾攻撃3カ月前に読み上げた明治天皇の御製《ぎょせい》短歌「日米開戦前に、昭和天皇が明治大帝の御製短歌を御前会議で披露する形で、戦争を望まない陛下の御意思を表明されたこと。P246~247参照」に遡りましょう。敗戦後の昭和天皇の詔書《しょうしょ》に遡りましょう。もう一度言います。歴史を勉強し直せ!……あ、一度も勉強してないのか。くっくっく。

戦後70年「安倍談話」に通じる中曽根元総理の無知蒙昧ぶりとは

中曽根康弘元総理が、戦後70年に際し、
2015年8月に月刊誌『文藝春秋』と『読売新聞』『産経新聞』に寄稿しました。
そこで、先の大戦について「やるべからざる戦争であり、誤った戦争」とし、
「アジアの国々に対しては、侵略戦争だったと言われても仕方ないものがあったといえる」
と明言しました。特に中国に関しては、「民族の感情を著しく傷つけた」とも言及しています。
さらに、「自己の歴史の否定的な部分から目をそらすことなく、
これらを直視する勇気と謙虚さを持つべきであるし、そこから汲み取るべき教訓を心に刻み、
国民、国家を正しい方向に導くことこそが現代政治家の責務だと考える」と強調しました。
一方で、「個別的自衛権」と「集団的自衛権」については「不可分にして一体のもの」とし、
持論である憲法改正も改めて主張しています。
その後発表された「安倍談話」にも影響を与えたとも言われている
この中曽根元総理の寄稿ですが、宮台さんから見るとどのような評価が与えられるのでしょうか？

「アジアへの進出は侵略だった」説

最初の注意点ですが、先の戦争は紛《まぎ》れもない侵略だった、とは述べられてはいません。そうでなく、先の戦争にはいろんな要素があり、一面的な評価はできない、ただし対華21カ条要求［1915年、日本（大隈重信《おおくましげのぶ》内閣）は中国に対し、山東省の旧ドイツ権益の継承、南満州鉄道権益期限の99年延長など21カ条を求め、受諾させた］以降の日本の中国大陸進出は侵略だったと言わざるをえない、と主張しています。

加えて、資源獲得を目的とした東南アジアでの日本の振る舞いも、西洋諸国による植民地化という状況からの解放だったとも擁護する向きもあるものの、東南アジア諸国にしてみれば、土足で踏み込むがごとき振る舞いだったことも、間違いないだろうと語っています。

つまり、アジアでの振る舞いに限っては侵略だったと言わざるをえない、と語っています。他方、戦争全体については、安倍談話と同様、列強全てを巻き込むブロック経済的資源争奪《そうだつ》戦に言及し、日本だけの問題ではないこと、多面的な評価になることを指摘しています。

僕が評価したいのは、極東国際軍事裁判つまり東京裁判に関する箇所。連合国主宰の裁判に責任の帰属処理を任せたせいで、自分たちのどこがダメだったのか、誰が悪かったのかを、自力で検証した上でそれを反省するプロセスを完遂《かんすい》できなかったという指摘です。

対米ケツ舐めと反東京裁判は一体

これは実は刮目《かつもく》に値します。文章では明示されませんが、A級戦犯が合祀《ごうし》される靖国問題に公人として参拝することの是非もおおいに絡みます。他人任せの「手打ち」だったので、未だ被害感情まみれなのです。しかし、この種の被害感情は、甘えきった御都合主義です。

天皇と、朝日新聞に象徴される戦争を煽った国民から、戦争責任を免除するべく、「A級戦犯」が悪かったことにするという「手打ち」の図柄を描いたのが、米国主導の東京裁判です。「A級戦犯」は悪くなかったと公言するなら、連合国による責任追及がやり直しになります。

安倍総理に見るように「反東京裁判的態度」と「対米ケツ舐め路線」は表裏一体。西独と違い、米国が地政学的理由で朝鮮戦争を背景に旧体制中枢を復帰させた日本は、「反東京裁判的態度」をとる旧勢力が、自らを温存させてくれた米国の「ケツ舐め」に勤《いそ》しんできました。

「反東京裁判的態度」をとる旧勢力が「押しつけ憲法論」を吹いてきたのも恥知らずです。負けて無条件降伏・武装解除・民主主義復活を含むポツダム宣言［1945年7月26日、ベルリン郊外のポツダムで発表された日本の戦争終結条件を示した米英中3カ国首脳の宣言。日本の領土の制限や武装解除、戦争犯罪人の処罰など13項目で構成］を受諾した以上、連合国に押しつけられて当然。戦争に負けるとはそういうこと。ウジウジとみっともないんだよ。

自らを温存してもらった上「押しつけられた」と吹いてきた〈馬鹿保守〉がいることも国辱的だし、同じく自らを温存してもらった上に「天皇の戦争責任論」を吹いていたかつての朝日新聞の如き〈馬鹿左翼〉がいたことも国辱的です。こうした恥を、日本人はまず取り除け。

自らの墓穴につながる寄稿の内容

もし、中曽根氏がおっしゃる通り、日本のどこがダメだったのか、誰が悪かったのかを、西独が検証を迫られたように、日本人がちゃんと自力で検証していれば、右も左も含めて、こうした甘えきった恥晒しの戦後処理にはならなかっただろうと、僕は想像しています。

でも、中曽根氏は戦争中はエリートの海軍将校で、戦後も保守の大物として長らく活躍しました。けれど、何がダメだったのか、誰が悪かったのか、敗戦を受け止めた上での責任追及を全くしてこなかった。だから所詮は「後出し」ですが、言ってることは合ってる（笑）。

天皇と国民は悪くなく「A級戦犯」だけが悪かったとする東京裁判図式を、二国間講話の当事国でない中国などの国々も「受け入れたこと」にして賠償請求を思い留まった経緯があります。天皇と国民から戦争責任を免除した東京裁判を、どうやり直すかが問題になります。

戦争に負けてポツタム宣言を受諾した以上、「誰も悪くありませんでした」という結論はありえません。「手打ち」の上に構築された戦後外交史の全体をキャンセルするつもりであれば、往生際が悪いだけでも恥晒しであるのが、タダ乗りの反倫理性を晒すことになります。

しかし皆さんも御存じの通り、1954年の原子力平和利用予算提案以来「対米ケツ舐め路線」まっしぐらの中曽根氏は、「反東京裁判的態度」をとる勢力の象徴です。寄稿内容の一部は正しいと敢えて言いましたが、だとすると氏の態度自体が否定される可能性が大です。

集団的自衛権の擁護論はピンボケ

それに関係して、中曽根氏の一連の文章にソコはおかしいぜと思う箇所があります。一連の文章の目的は、「個別的自衛権と集団的自衛権は不可分にして一体だ」という持論を述べ、現政権が実現したがる安保法制を、支援することにあるのは間違いないでしょう。

ソコはおかしいぜと思うのは、「個別的自衛権と集団的自衛権は本来同根一体のものだ」とする立論の根拠です。そこでは、一般的な戦略論の地平で議論がなされているものの、戦前からの外交史や戦後の日米関係史の文脈で与えられる意味が完全に無視されています。

集団的自衛権は同盟関係を前提とした概念ですが、同盟を前提とした戦略論として「個別的自衛権と集団的自衛権は本来同根一体のもの」というのは常識です。でも議論すべきポイントはそこじゃない。米国相手の同盟が存在する意味をどう評価するかがポイントです。

そこでのキーワードは「集団的安全保障体制」です。いま話題の「集団的自衛権」に似た言葉で混同されがちだけれど、全く別ものです。まず、「集団的自衛権」についておさらいしましょう。これは、同盟関係をベースにした軍事力の行使のことを言っています。

国際連盟は利害調整機関ではない

第一次大戦までの列強の国際関係は同盟関係がベースです。日本で言えば日英同盟。ところがそれゆえに第一次大戦が起こったとの反省が生まれ、国際連盟が作られます。中曽根氏は多国間の利害調整機関だとの認識を披露しますが、国際政治史への無知に由来します。

国際連盟の基本コンセプトは、集団的自衛権が前提とする同盟関係すなわち「仮想敵国を想定した敵味方関係」を編むのをやめ、集団的安全保障体制すなわち「仮想敵国を想定しない加盟国間で抜け駆けしようとする国を懲らしめる」国際的体制を構築することでした。

にもかかわらず、その後に日独伊三国同盟などの同盟が陸続と出現し、日本は国際連盟を脱退までしました。仮想敵国を想定した敵味方図式である同盟関係がそこここに作られてしまえば、当然ながら、仮想敵国を想定しない集団的安全保障体制は崩れてしまいます。

かくして連合国側と枢軸国側に岐《わか》れた第二次大戦に突入して、酷いことになりました。だから戦後は、より強固な意思をシェアし、同盟関係をベースにした国際関係を離脱し、集団的安全保障体制で再構築しよう、ということで国際連合が作られたというわけなのです。

米国が国連に非協力的である理由

ところが、これに強く反対したのが米国です。米国は、二国間外交、現在で言えば、日本と米国、韓国と米国、台湾と米国、といったような二国間同盟によって縦割り的分断を図ることを通じて、自らの影響力を最大化するという戦略を、一貫して採って来ています。

「分断して統治せよ」はローマ帝国時代のカエサルの言葉で、英国のインド統治における基本戦略にもなりましたが、同じ戦略を米国は第二次大戦後も採用し続けています。だから国際連合に関しては米国は一貫して非協力的で、拠出金もずっと出してこなかったのです。

これとは対照的に、東西冷戦の最中に、むろんソ連圏には飲み込まれないが、米国にも飲み込まれないぞということで、両サイドに冷戦当事国を抱えた西ヨーロッパの集団安全保障体制ができました。集団防衛・危機管理・協調的安全保障を唱うＮＡＴＯ「北大西洋条約機構。北アメリカ（＝アメリカ合衆国とカナダ）およびヨーロッパ諸国によって結成された軍事同盟」が、それです。

冷戦下ではソ連の軍事的脅威に対抗すべく欧州側から米国の加盟を要求した経緯もあって、軍事同盟の色彩が強かったのが、冷戦後はコソボ紛争の対処に象徴されるように、国連の理念だった「仮想敵国を想定しない共同対処枠組」の性格を中心に据えるようになりました。

今ではＥＵとＮＡＴＯが相俟《あいま》って、米国によって二国間関係の縦割りで分断されるのを防遏《ぼうあつ》する強力な機能を果たしています。ところが東アジアでは、日米、韓米、台米という風に米国によって二国間に分断され、各国が適当にいがみ合うように米国が操縦しています。

馬鹿保守と国賊官僚のナメた態度

かくして米国は、日本／韓国／台湾に対する影響力を最大化しようとしてきました。中国と裏で仲良くしつつ、これら3国に対しては仮想敵国として意味があるぐらい、わざと中国の脅威を煽《あお》ろうとしてきました。米国の基本戦略として既に知られた話であるはずです。

現在も、諸国間の分断をベースに米国の言うがままに行動させられがちな、仮想敵国を想定した米国との同盟関係が、東アジア方面に集中的に局在します。こうした戦略は不毛で危険だとして釘《くぎ》を刺そうとするムーブメントが、国際連盟であり国際連合だったはずです。

中曽根氏の「個別的自衛権と集団的自衛権は表裏一体」という、冷戦後は一層時代遅れになった同盟関係を準拠枠とする論点は、ピンボケであるだけでなく、専ら米国の利害を代弁します。「反東京裁判的態度」と「対米ケツ舐め路線」の表裏一体ぶりが透けて見えます。

米国の治外法権的地位を定めた日米地位協定「日本国とアメリカ合衆国との間の相互協力及び安全保障条約第６条に基づく施設及び区域並びに日本国における合衆国軍隊の地位に関する協定」の、運用に関わる毎月２回の日米合同委員会が、憲法よりも上位で機能することを知る外務官僚や法務官僚たちが、「反東京裁判」勢力とはまた別に、自己保身を動機として「対米ケツ舐め路線」を邁進《まいしん》する事実も弁えましょう。

米国に対する認識。これが日本での集団的自衛権の議論の基本中の基本。戦略論として集団的自衛権と個別的自衛権は切れ目がないなどという話をするのは、国民を上から目線で小馬鹿にした議論です。小馬鹿にされるのも当然の馬鹿ぶりを、直さなければなりません。

盛り上がった安保法制反対デモと、議会制民主主義のゆくえ

安倍政権が今国会での成立をめざした安全保障法制。

集団的自衛権行使を可能とする武力攻撃事態法改正案などの改正案10本を束ねた一括法案「平和安全法制整備法案」と、国会の事前承認があれば、自衛隊が日本国外で他国の軍隊を後方支援することができる「国際平和支援法案」の２本立てで構成されています。９月27日までの国会会期中に成立するかどうかが焦点でした。

一方で、反対デモが国会前をはじめ日本各地で大々的に行なわれ、安保法案成立直前の日本テレビ世論調査では「いまの国会で成立させることでよい」と思う人はわずか24・５％で、思わない人が65・６％となるなど、少なくともさらなる熟議を求める人が大半でした。安保法制に関する、国会内の与党と野党の勢力差と、世論のねじれ。

それでもやはり、議会制民主主義においては、国会こそが民意であるとするのが一般的には常識だと考えられています。

宮台さん、現国会での安保法制の成立は正しかったのでしょうか？

脱原発デモが長き原発停止の要因

基本的なことを言えば、デモの盛り上がりに比して野党のふがいなさが非常に目立ちます。実際ＳＥＡＬＤｓ［シールズ（Students Emergency Action for Liberal Democracy - s）は、自由で民主的な日本を守るための、学生による緊急アクション。担い手は10代から20代前半の若い世代と言われる」を中心とする若い人たちのデモは、安保法制以外のイシューに関しては、意見はそれぞれあっても構わない、ということで一点に絞ってデモをしているわけです。

こうしたシングルイシューないしワンイシューのポリティクス（政治的行動）は、党派の行動と決定的に違うところです。その点、こうしたデモの背後に共産党がいるんじゃないかと疑ったり言いふらしたりしている政権側は、圧倒的なピンボケぶりを示しています。

実際、先頃の川内《せんだい》原発の本格的再稼働まで4年以上の長きにわたってほとんど完全に原発が停止したのは、フクイチ［福島第一原発］事故直後の原子力ムラにとっても想定外のことでした。この想定外の事態をもたらした要因の一つが、海外報道もされた圧倒的規模の官邸前デモなのです。

民主党政権が2012年9月14日にまとめた革新的エネルギー・環境戦略における2030年代原発ゼロ・シナリオの提言は、当時内閣審議官だった下村健一《しもむらけんいち》氏も、官邸前デモがあればこそだったと述懐《じゅっかい》します。確かに既に再稼働したけど、ムラの思い通りに事は進んではいません。

ムラが原発新設を持ち出せないのは、相変わらず再稼働反対世論が多数を占める現状の継続を、現政権が危惧《きぐ》し、新設打出しを控えるからです。政権が怯えるのはデモというよりは継続的世論ですが、世論に怯えるのも再稼働反対デモのイメージが残像するからです。

再稼働反対デモは最大20万人を動員し、程なく鎮静化しました。一過性ですが、ポイントはそこじゃない。この規模のデモはどの国でも続かないからです。この国で党派に動員された訳でもないのにこの規模のデモが起こりうるという実績を残したことが、重大です。

感情の政治は大規模デモを嫌がる

なぜ重大か。アメリカやフランスの大統領であればこう言います。「あなたは私にソレを要求するが、窓の外を見てみろ、私にソレはできない」と言えるために必要だからだと。そこには正当性感覚に基づく規範があります。その意味で成熟した民主政国家があります。

日本にはそうした正当性感覚に基づく規範は政治家の大半に不在です。これからどうなるかも分かりません。それゆえフクイチ直後の僕は、デモが日本の政治に与える影響は小さいと思ってました。でも第2次安倍内閣が誕生してから、違うと思うようになりました。

昨今日本だけでなく先進各国で、グローバル化による中間層分解を背景に、分断され孤立した形でネットに蝟集《いしゅう》する人々を標的とした感情的動員を政権中枢が展開します。感情的動員の流れを作れないことは選挙での敗北につながるので、大規模デモを恐怖します。

かかる恐怖は、正当性感覚に基づく規範とは無関係ですが、だからこそ、それを頼れない日本では「ポピュリズムを背景としたデモ恐怖」を使い尽くすことが重要になります。米仏の政治家には規範と恐怖があり、日本の政治家には恐怖しかないのは、残念ですが、仕方ない。

規範の形成には、熟議を前提とした国民投票や住民投票の積み重ねという別の仕方が必要になりますが、それは後で話すとして、野党は再稼働反対デモやＳＥＡＬＤｓ安保法制反対デモに見られるようなワンイシュー化を、今こそ見習うべきではないでしょうか。

どの野党も弱小で、各々の内部統合も怪しく、離合集散も見られる中、ワンイシュー化なくして、安保法制化に有効な対抗はできません。安保法制反対という一点だけを共通項として選挙協力をして、次回の参院選とその後の衆院選で一緒に闘うことを宣言するのです。

ワンイシュー化して候補者調整へ

最近の良い例があります。沖縄では前回の衆院選で、従来は選挙協力をせず全区に候補者を立てて来た共産党まで含めて、自民党を除く党が保守革新を問わず候補者調整を進めた結果、沖縄に割り当てられた4つの選挙区の全てで辺野古基地反対の候補が当選しました。

これは沖縄の諸党が、辺野古基地新設［P105で述べるように移設ではありません］に、本気の本気で反対だったからこそ、そうしたコミットメントの強さが、従来ありえなかった共産党を含めた諸党の選挙協力、とりわけ候補者調整を実現できたわけです。

とするなら、本気の本気で安保法制に反対するなら、選挙で過半数を制したら安保法制を廃止するという一点で、野党は共闘して候補者調整を行ない、選挙を戦えばいい。「約束したのは俺だから俺が破るのも勝手」的な解釈改憲も、上書きして「約束に復帰すれば」いい。

安保法制廃止と解釈改憲上書きに成功したら、その他のイシューズでは意見が折り合わないからこそのワンイシュー選挙だったわけだから、すみやかに選挙をやり直す。そのことを事前にアナウンスするのです。国民が本気で反対なら、それを許容せねばなりません。

これは今、アメリカの大統領選挙で、憲法学者のローレンス・レッシグ［1961〜、ハーバード大学法学教授］が出馬しようとしている経緯と同じです。彼はThe Citizen Equality Act［https://lessigforpresident.com/the-act/ちなみに9月6日に目標の100万ドルを達成した。一人平均100ドルの寄付である］で選挙に関する公平性を実現するためだけに出馬したいと言っていて、ネットで9月6日に100万ドルを集めることに成功しました。一人平均100ドルの寄付です。

レッシグが言っている選挙に関する公平性とは、詳しくは「投票の自由、一票の格差是正、選挙に関する金銭の関与を減らすこと」ですが、基本的には「平等な投票の実現」のためのパッケージというシングルイシューです。この他のことには、一切言及していません。

レッシグは「もし大統領になってパッケージを実現できたならば、すみやかに辞任する」と公約しています。まさに「たった一点の問題」に絞っているのです。日本もそうしたやり方をした方がいいんじゃないでしょうか。ただし、本当に一番いいやり方が、あるんです。

以前から述べてきたように住民投票や国民投票、総じてレファレンダム［政治に関する重要事項の可否を、議会の決定にゆだねるのではなく、直接国民の投票によって決める制度。憲法改正の場合の国民投票や地方自治特別法の制定についての住民投票など］をやるべきです。原発再稼働だろうが安保法制だろうが、個別イシューを取り出せば国民大半が反対なのに押し切られがちな重要問題に、対処するための民主政治の補完装置がレファレンダムです。

レファレンダムは民主制補完装置

幾つか補足します。第一に、景気対策・雇用対策・社会保障政策など他の人気がある政策パッケージと一緒にしてしまえば、本当は再稼働や安保法制に反対でも、背に腹は替えられない国民は再稼働や安保法制を進める党を支持する。議会制民主主義でありがちです。

かくて国民の意思が反映されなくなった個別イシューが、日本国民の命運を左右する重大問題であることがありえます。原発再稼働や安保法制の問題はそうした問題の典型です。だからこそ個別イシューで国民投票を行なうのです。ワンイシュー選挙よりもずっと安い。

ところが日本の政治家どもは与野党問わず判で押したように「議会の軽視だ」とほざく。非拘束《こうそく》型（諮問《しもん》型）のレファレンダムにおいてすらそうです。ちなみにレファレンダムには、議会への法的拘束力があるものと、議会に問われて民意を示すだけのものがあります。

レファレンダムが議会軽視だという愚論が飛び交うのは日本だけです。アメリカでは大統領選のたびに毎回200近い住民投票が各地で行なわれます。フクイチ事故以来スイスやイタリアでは原発を巡って、先日はギリシャで緊縮策を巡って、国民投票が行なわれました。

でもレファレンダムが議会軽視なんて話は聞かない。議会制民主主義では政策パッケージに投票するがゆえに国民の意思が反映されなくなった個別イシューが国民の命運を左右する重大なものでありうるので、レファレンダムによる補完を要することが常識なのです。

こうしたデタラメな政治家が、国会や地方議会で、普通選挙の下で多数を占める日本って、確かに民主制（制度としての民主主義）はあるものの、民主政（振る舞いとしての民主主義）があると言えるのでしょうか。とどのつまり、日本は本当に先進国と言えるのでしょうか。

レファレンダムに伴う熟議の機能

第二に、レファレンダムを政策人気投票のポピュリズムだと誤解する愚昧が蔓延しています。産経や読売が典型ですが笑止千万です。むしろ議会制民主主義が安倍政権がそうであるようにポピュリズムに堕《だ》し易《やす》いので、レファレンダムに先立つ熟議を以《もっ》て抗《あらが》います。

熟議や討議型世論調査［正しい翻訳は熟議型世論調査］の提唱者として知られるジェイムズ・フィシュキン［1948〜、アメリカの政治学者。スタンフォード大学熟議民主主義センター所長］の詳細なリサーチによれば、戦争から同性婚までの全てのイシューに関して、ただの世論調査よりも、熟議後に行なった世論調査の方がリベラルな結果になります。

その理由についてキャス・サンスティーン［1954〜、アメリカの法学者。ハーバード大学ロースクール教授］は、不完全情報下での討議では過激で単純な発言をする連中が場を支配しがちだが――彼は「集団的極端化」と呼ぶ――、熟議を通じて完全情報化に近づくにつれてそうした連中の梯子《はしご》が外されることが大きいだろうと言います。

フクイチ事故から一年半後の2012年8月末に、討論型世論調査を実施した曽根泰教《そねやすのり》慶大教授を座長とする政府の実行委員会の報告によれば、熟議を経て原発ゼロ支持者が33％から47％に増大しますが、熟議への参加で専門家任せをやめ自分たちで考えるようになった結果だとします。

繰り返すと、レファレンダムは、産経や読売の言うような政策人気投票のポピュリズムではなく、投票に先立つ数カ月の期間に公開討論会やワークショップを重ねることで、声のデカイ奴に場を支配させがちな不完全情報状態を、克服することを目的とするのです。

レファレンダムの共同体再生機能

加えて僕が重視するのは、ネットと違って顔が見える熟議を通じ、偉そうにホザくのがショボい輩である事実や、日本人にもクソ野郎がいる一方で永住外国人にも立派な人がいる事実や、若者よりも柔軟な老人がいる事実や、偏屈な若者がいる事実を目撃できること。

それを通じ、グローバル化による中間層分解を背景に、急速に空洞化する地域の共同性に抗い、昔の長い物に巻かれる的な同調的共同体を克服、再帰的な共同性―新しい「我々」―を構築できること。再帰性とは「選択前提もまた選択されたものだ」という意識です。

レファレンダムは、議会制下で埋もれがちな重大世論の顕在化に加え、①巨大なフィクションの繭《まゆ》の破壊（による極論野郎の梯子外し）と②分断された地域共同体の再統合、という2つの課題を達成して「依存的共同体」を「自立的共同体」へと再建することも目的です。

19世紀前半にアレクシ・ド・トクヴィルは、「自立的共同体」が「自立的個人」を支えることで「妥当な民主制」が実現すると考え、戦後に活躍した丸山眞男は、「依存的共同体」が「依存的個人」をもたらすことで「デタラメな民主制」に帰結すると考えました。アソシエーショニズムと言います。

日本では熟議とワンパッケージになったレファレンダムの本質が未だ理解されません。心の習慣が理由です。日本では「引き受けて考える」作法が根付いておらず、「任せてブー垂れる」作法が支配的です。住民投票を議会軽視だとホザく輩の存在が象徴することです。

市民を涵養《かんよう》するデモと熟議と投票

熟議と一体になったレファレンダムの実績を積むことが、民主制に相応《ふさわ》しい心の習慣の涵養に繋がります。コンセンサス会議というデンマーク型熟議がありますが、摸擬コンセンサス会議をファシリテイトした経験から、僕にはそのことが実感できます。

心の習慣の涵養という点では報道の問題も大きい。日本では政治と言えば永田町の話。

市町村レベルの地域政治の話はあってもスキャンダルだけ。地方新聞も共同通信や時事通信の配信記事に依存。地方局も在京民放に依存。ネットもそうしたマスコミに依存します。

だから昨今話題ですが地方議会が「痴呆議会」と化しています。むろん安倍晋三周辺の臆病な画策で総裁選が無投票になったことに象徴されるように国会も「酷会」と化していますがね。こうした状況を放置しておいて「議会軽視だ」とホザくのは、噴飯物じゃないでしょうか。

欧米では住民投票への中学生の参加もあります。これは投票参加よりも熟議参加にポイントがあります。教育の場で政治的立場の是非を討論するのもよいが、ならば住民投票の熟議に参加させた方が真剣度が上がる。ギリシャ以来の「市民＝シチズン」の伝統を引き継ぐものです。

「選挙に通りさえすれば後は好き放題」の類を政治家に許さない──それには「任せてブー垂れる」ならぬ「引き受けて考える」作法が不可欠です。そうした心の習慣を涵養するためにも、デモや熟議や住民投票に関わる経験の蓄積が必要で、それが痴呆議会を抑止します。

イギリスの国民投票を見習うべし

例えばイギリス。２０１７年までに、ＥＵ加盟存続の是非を問う国民投票が行なわれます。今の首相のキャメロンが必死になって加盟存続を訴えています。イギリスにとって、そしてＥＵにとって、大変重要な政策決定です。日本の安保法制と比べても重要さは劣らない。

しかしイギリスでも欧州でも「議会軽視」などという話は全く聞きません。政治とはすなわち自分たちが決めることだという理解が徹底されているからです。政治とは政治家が決めることだと勘違いする馬鹿だらけの国とは違います。レファレンダムの本質がそこにあります。

日本は地方から中央まで「レファレンダム［住民投票・国民投票］」は議会軽視」とホザく議員が大半。ならばワンイシューの選挙を使う他ない。費用はかさむが、国民の命運を左右する重大問題だと国民が思う場合だけワンイシュー政権が誕生するのだから、甘受するのです。

日本の場合、沖縄衆院選のようなワンイシュー選挙を通じてレファレンダムに向かうのが現実的でしょう。冒頭に戻りますが、野党が安保法制を本気で止めたいなら、来年の参院選でワンイシュー選挙を戦うべく候補者調整をして、民意をリアルに反映する決意が必要です。

でもまあ無理でしょうな。野党のダメっぷりは半端ない。本気で安保法制のことを考えていない。どうせ安倍もあと2年とか思ってるんでしょう。でもその間にアメリカが自衛隊にＩＳＩＬ関連で出動要請してくるかも知れない。泣けてくるというか、涙も出ないぜ。

安保法案の強行採決に見られる日本の民主主義の問題点とは

２０１５年9月19日、安全保障関連法が自民、公明両党などの賛成多数で参議院本会議で可決され、成立しました。

これにより、戦後日本の安全保障政策は、大きく転換することになります。しかしながら、各種世論調査では「この国会での成立を望まない」とする意見が「望む」とする意見よりも多くを占めました。また国会周辺を中心とした反安保法案デモにおいても大勢の人が集まり、その勢いは地方にまで広がりました。

ただし、安全保障に関する政策は自民党のマニフェストにも書かれており、その自民党が選挙で勝利したのだから、それこそがまさに民意なのだ、とする主張もあります。

この与党による安保法制の強行採決に際し、「日本は本当に民主主義国家なのか」という問題が浮上してきました。

今回は宮台さんと、ビデオジャーナリストで「ビデオニュース・ドットコム」代表の神保哲生《じんぼうてつお》さんに、「日本の民主主義 その問題の本質とは何か？」について教えてもらいます。

民主主義とは多数決よりも自治

宮台　まず言うべきは、安保法制の中身に賛成でも、決定手続きがおかしければ反対をする、というのが民主主義の本義であること。今回、僕も、そして多くの人たちもそう思っているように、民主主義の適正な手続きが踏まれていない。手続き踏襲《とうしゅう》に不備があります。

巷を見ると、愚かな政治学者を含めて、民主主義とは多数決だからそれでいいんだ、という輩が溢れています。しかし、政治思想の歴史を知らないという意味で、愚かだという他ない。具体的には「ロックに対するルソーの批判」として知られていることです。ルソーは、ロック流の間接民主主義［代議制］について、選挙の時だけ参加して、あとは奴隷になる仕組みだとし、だから直接参加しなければならないと言いました。むろんルソーが想定していたのは小さなユニット。数千万人の大きな国ではとても無理な話です。

でも、ルソーの国フランスでは、間接民主主義の「選挙と選挙の間は奴隷になる」という欠陥――僕たちは実際アベノミクス選挙で勝利した安倍政権によって民意を無視され好き放題をされています――をデモなどの直接参加によって補完するようになりました。

国民国家が軒並み数千万人規模になったのは20世紀の話で、以前は民主主義を思考する人々はずっと小さな単位を想定していました。その時代の民主主義の本質を一口で言えば「参加による自治」。リンカーンの「人民の、人民による、人民のための」も同じです。

19世紀の段階でアメリカは巨大人口を抱え、ヨーロッパ諸国も20世紀にそうなりますが、そこで考えられたのがアメリカで言えば「共和政の原則」で、ヨーロッパで言えば「補完性の原則」。双方、自治的スモールユニットが寄り集まって共生する仕組みです。

アメリカなら、元々は信仰共同体である州が集まって連邦を作る。ヨーロッパなら、自治都市や領邦が集まって国を作る。まずは顔が見える我々ができることは我々がやり、それが不可能な場合には上層の行政ユニットを順次呼び出していく、というやり方です。

共和政の原則でも、補完性の原則でも、規模に対応して結合体の結合を構成するべく、間接民主制（代議制）が導入されていますが、どちらの場合にも共通して、下から上へという方向性にみられるように「民主主義とは多数決でなく自治だ」という原則が貫徹します。

自治とは、規模に対応する便宜として代議制を導入するものの、代議士に任せないということです。だから僕は、国民投票を推進する運動体の代表をやりつつ、「〈任せて文句たれる政治〉から〈引き受けて考える政治〉へ」というスローガンを掲げてきました。

党議拘束は民主主義を破壊する

宮台　自治と並ぶ民主主義の本質は、熟議です。単なる話し合いということではない。話し合いを通じて、知らなかった事実に気づき、価値が変容するということです。そうした気づきと変容を通じて、新しい「我々」が再構成されるということも、含んでいるのです。

自治的な熟議を通じて絶えず再構成される共同体を、19世紀前半に『アメリカの民主主義』を著したアレクシ・ド・トクヴィル［1805〜1859、フランスの政治思想家］は、伝統的な共同体と区別してアソシエーション［結社・団体］と呼び、あるべき国家を複数のアソシエーションの共和的結合として描きました。

先進各国では教科書的なこうした常識を、知った上で発言している日本の政治学者や政治家がどれだけいるでしょう。そのことを考えて見ると、日本の民主制＝制度としての民主主義は、実態としての民主主義を機能させていないという意味で、機能不全です。

日本の民主制のデタラメぶりを象徴するのが「党議拘束」。そんな英語があったかなと調べてみたら、複数の辞典にcompulsory adherence to a party decisionとありました。無理やり党の決定に従わせることという文章です。単語としては存在していないのです。

ひどいでしょ？　何がひどいって分かりますか？　候補者個人が選挙公約をしても、党議拘束に従うしかなければ、意味がなくなるでしょ。また、党が予めこうすると決めているなら、国会審議も意味がなくなる。初めからシナリオ通り振る舞うしかないのだから。

党議拘束があると、どんなに審議時間をかけても――安保法制の審議に100時間以上使ったとホザく輩がいますが――議員の内部で生じた気づきや価値変容に従って立場を変えられません。何のための審議ですか？　審議しても結果が変わらないなら審議って何よ。

官僚権限の無制限拡大を帰結する枠組

神保　付け加えたいのは、今回の安保法制で一番得るところが多いのは、安倍政権でも自民党でもなくて、官僚なんです。この法案は官僚権限の無制限の拡大を謳《うた》ったものであることが、国会の審議を通じて明らかになりました。武力行使を含め、権限の行使に対する歯止めがないし、その権限をいつ行使するかも、政府が独自に決めていいことになります。

　政府っていうと安倍政権を想定してしまうかもしれませんが、政権というのはしょっちゅう変わります。しかし、その下にずっと続いているものがあって、それが官僚機構なんですね。次にどんな政権ができようが、この法律ができてしまえば、それは残ります。この法律の下では官僚機構が、例えば自衛隊の安全を確保する基準もないまま、海外に派兵することができるし、そもそも日本が武力攻撃を受けていなくても、独自の判断で武力を行使できるようになってしまいます。

　官僚機構は今回この法案で、絶大な権限を獲得しました。特定秘密保護法でも、莫大《ばくだい》な権限を獲得しています。つまり、安倍政権下で官僚の権限は、それ以前とは比較できないほど大きくなってしまいました。安倍政権はおそらくそういう意識がないまま、その片棒を担がされているのでしょう。政治家は自分たちが政権を握っている時のことだけなく、将来自分たちが政権から滑り落ち、自分たちの政敵が政権の座についた時、その政敵にこの法案が謳っている権限をゆだねても本当に大丈夫なのかを常に考えておかなければなりません。

僕は参院特別委員会の鴻池《こうのいけ》（祥肇《よしただ》）委員長も、この法案には不安を抱いていたのではないかと思っています。鴻池さんは委員長だったので、全ての審議を聞いていました。あの審議を全て聞いていれば、今回の法案には最小限度の武力行使の意味も、自衛隊の安全確保の基準も、実際には何も書かれてないことを理解しているはずです。国会の審議を通じて、これまで安倍政権や政権与党が説明していたことが、実際には法案に書かれていないことが明らかになりましたから。

例えば、「最小限度の武力行使」とか「存立危機」といった言葉の意味は、ことごとく「政府が総合的に判断する」ものであることが分かっています。要するに最小限度がどの程度の武力を意味しているのかも、どういう状態が「存立危機」なのかも、全く基準などなく、全て政府が独自の判断で決められることが分かりました。

今回の法案は、そもそも憲法に違反しているという、法律としての根本的な問題があったため、特に衆議院の審議ではその部分に膨大な時間が割かれてしまいました。結果的に参議院の審議までは、法案の内容にどのような問題があるかを詳しく議論されることがありませんでした。

違憲な法案が出てくれば、まずはそれが違憲であることを明らかにすることが最優先にならざるを得ないので、法案の中身の問題点を細かく議論することが難しくなります。しかし、仮に1000歩譲って憲法論争を横に置いたとしても、この法案は法律としてあまりにも問題が多い欠陥法案だということなんです。どんなに違憲であろうが、一旦、法案が可決してしまえば、最高裁が違憲判決を出すか、もしくは別の政権がその法律を無効化する法律を通さない限り、その法律は法律として運用されてしまうんです。だから、どんな悪法であっても、その内容を厳しく検証することは国会の重要な責務となるわけです。

今回安倍政権は何があっても今国会でこの法案を通すつもりでした。だから、違憲であろうが欠陥法であろうが、官僚の権限を無制限に拡大する法案が、少なくとも一時的には法律となり、執行されてしまいます。

　その事の重大さを考えたら、党議拘束なんていう国会の細かい慣例などに拘《こだわ》っている場合ではありません。政治家は一人一人がこの法案のヤバさを認識し、自らの良識に従って投票しなければならないと思います。

　しかし、以前に自民党衆議院議員の村上誠一郎《むらかみせいいちろう》さんが言っていたことですが、今は党の権限が圧倒的に強くなっています。小選挙区比例代表並立制の下では、党の公認権は絶対的なものになります。小選挙区でも党の公認は必須です。比例の名簿に掲載される順位も党が決めます。政党助成金の配分も党だし、与党の場合は閣僚を含む政府の役職の人事権も党の代表、つまり首相が握っています。

　例外的に、地盤が強くて、例えば村上さんのように、一匹狼でやっても選挙に勝てる人が数人くらいはいるかもしれませんが、そんな人はほんの一握りで、ほとんどの人は党に従わざるを得ない。党議拘束破りなんてしたら、それこそ政治生命を断たれてしまうことになります。

官僚が政治家に勝ちやすい現代

宮台 官僚権限の無限拡大傾向は、先進国共通の大問題だとイタリアの政治思想家ジョルジョ・アガンベン［1942〜、イタリア出身］が言います。彼によれば、社会が複雑で流動的になると、社会の全体がどうなっているのかを政治家一人ないし政治家集団が考えたところで、何も分からなくなりがちです。

誰が分かるのか。答えは行政官僚。彼らは多種多様なデータを持つだけでなく、それらを自由自在に組み合わせてストーリーを作れます。政治家がそれに抗うのは並大抵ではありません。だから近代国家から現代国家への流れを「主権から執行へ」と表現します。

「主権」とは、「政治家が形の上で決めること」を意味します。「執行」とは、「行政官僚が事実上全てを決めること」を意味します。民主政は主権をめぐる仕組ですから、主権が執行に翻弄《ほんろう》される──政治家が官僚に騙《だま》される──状態は、明らかに民主政の危機です。

主権と執行──政治家と官僚──をめぐるこうした議論は、政治家と官僚の利害が究極的には衝突する他ないとするウェーバーの考察を前提にします。アガンベンの議論は、政治家と官僚の戦いでは専ら官僚が勝つようになるという診断にポイントがあるのです。

ちなみにウェーバーによれば、官僚とは、既存プラットフォームの永続を前提に人事と予算の最適化に勤しむ存在。これに対し、政治家とは、国家や国民のためにイザとなれば既存プラットフォームを引っ繰り返すことを厭《いと》わぬ存在。だから利害が衝突します。

憲法とはホワイトリストである

宮台　官僚権限拡大を抑えられないのは、改憲しないと作れない安保法制を、改憲せずに作れるように何とかして工夫しろと安倍晋三に指令された官僚たちが、一見すると合法的適正手続き（due process of law）に則って、適正手続きを破壊し尽くしたことによります。
合法的適正手続きとは単に法を破っていないことを言うのではない。とりわけ憲法や国民の命運を左右する重大な法については、「やっていいと書かれていないことをやってはいけない」というホワイトリスト（オプトイン）として、理解しなければならないのです。

ホワイトリストの反対がブラックリスト（オプトアウト）です。「やってはいけないと書かれていないことはやっていい」とするものです。安倍政権を支える官僚たちが、安倍に「やってはいけないと書かれていないことはやっていい」と助言している可能性があります。

憲法的枠組をホワイトリストとして理解するべき理由は、何か。「やってはいけないと書かれていないことはやっていい」ブラックリストだと理解すると、合憲的であっても、非立憲的──立憲主義の本義に反する──決定の累積で、憲法が有名無実化するからです。

典型が安倍による内閣法制局長官の挿《す》げ替えです。説明します。どんな明示的ルールも、デイヴィッド・ヒューム[1711〜1776、スコットランドを代表する哲学者]によれば必ず黙契《もっけい》（convention）つまり暗黙的ルールを前提にします。ヒュームの議論は、ヴィトゲンシュタイン［1889〜1951、オーストリア出身の哲学者］の言語ゲーム論を用いて考えると分かりやすい。

ヴィトゲンシュタインによれば、人を殺さないことは、凡《およ》そ全ての言語ゲームの前提です。なぜなら、人が生きていないと言語ゲームができないからです。だから、人を殺さないことは、他のルールと違って、凡そ全ての言語ゲームの暗黙の前提を構成します。

明示的な前提と暗黙の前提は、僕がコミットする予期理論を使うことで記述できます。明示的な前提とは「彼は僕を殺さないと思う」という主題的予期ですが、暗黙の前提とは「彼が僕を殺すとは思いもよらない」という地平的予期です。両方は似て非なるもの。「彼が僕を殺すとは思いもよらない」「明日地震が起こるとは思いもよらない」という地平的予期は、それが破られた際に初めてその存在に気づく類のものです。しかし予期が存在しないのではない。現象学ないし構造言語学的な言い方ですが、地平には存在します。

適正手続きを安倍晋三が壊した

宮台　国会論戦がどんなに激しくても、国民世論がどんなに障害でも、「だったら内閣法制局長官を挿げ替えて解釈改憲すりゃいいじゃん」みたいなことを言う輩が出てくるだろうなんてことを、誰も予期していなかったということが、ここでのポイントなのです。

「内閣法制局が憲法解釈を定めたのなら内閣法制局が憲法解釈を改めていい」という議論は、「オレが約束したんだからオレが破るのも勝手だ」とほざく輩と同レベルの議論ですが、ここでのポイントは「まさかそんな輩がいると思わなかった」ということです。まさかそんな輩が出てくるとは誰も思っていなかったから、内閣法制局長官の任命権限を総理大臣に与えてきた。それが暗黙のルールと明示的ルールとの前提・被前提関係です。そうした意味で、全ての明示的ルールは暗黙のルールを前提にしている訳です。

憲法が法律と違い、同一性が文面ならぬ憲法意思にあるとされるのも、市民を名宛人とする法律が「やってはいけないと書かれていないならやってもいい」のと違って、統治権力を名宛人とする憲法が「やっていいと書かれていないならやってはいけない」ものだからです。

つまり、憲法を踏まえる（という意味で立憲的である）とは、「そんな輩が出てくるとは誰も想定していなかった」という類の地平的予期の数々を、たとえ明示されていなくても――地平的だから明示されていないのですが――破らないことを意味するわけです。

due process of lawつまり合法手続きに則る営みは、とりわけ憲法的な枠組に関連する部分については、「与えられた権限を、禁止されていないならどう行使してもいい」というような安倍晋三的な読解を、徹底的に退けたところにしか成立しないものなのです。

民主制も憲法も合法的に壊せる

宮台　「選挙で通ったらそのあと何でもできる」と思うような輩が政権を取れば、民主制は民主主義的に作動しなくなりますし、合法的に与えられた権限を「禁止されていないならどう行使してもいい」と思うような輩が政権を取れば、憲法は有名無実化します。

どちらも、「明示的ルールが前提とする暗黙のルールを踏まえる」という、保守主義的な節度と、歴史に学ぶための教養とを、兼ね備えた者にとっては自明な振る舞いを、一顧《いっこ》だにしない輩が政権を取った場合に、どうなるかということを示す、典型例です。

どちらも政治学や法学の教科書に書かれた初歩的事柄ですが、戦後の日本人は今回それを初めて目の当たりにしたと思います。安倍首相にはそこから学ぶ能力はないでしょうが、国民の多くは「形は合法的でも実質がおかしい」ところから多くを学んだ筈です。

学びと言えば、鴻池さんの話が出ましたが、鴻池さん御自身も審議を通じてやっと分かってきたことが沢山ある訳です。ただ、党議拘束があるので、途中から「どうもおかしい」と感じるようになっても、シナリオから外れることは、もちろんできませんね。しかし、だからこそ、国民の多くは、民主主義とは、最初から決められたシナリオに従い数で押し切ることではなく、熟議を通じて、知らなかった事実に気づき、自らの価値の変容を促され、それを決定に繋げることだと、初めて気づいただろうと思います。

ところが「熟議を通じて、知らなかった事実に気づき、自らの価値の変容を促され、それを決定に繋げる」プロセス、日本にありますか? ないでしょ? ないと、どんな危険が起きるか。答え。暴走しがちな行政官僚の裁量行政に白紙委任状を渡してしまうこと。

外国で戦力を行使できるようになることで戦後レジームからの脱却みたいな気分に浸れると思い込んだ首相に、憲法を変えずにそれを実現しろと発破を掛けられた官僚らが、しかし首相を含めた政治家が気づかない間に、権限の無限拡大を各所に仕込んでいます。

刑事訴訟法等改正案では、密告型の司法取引の導入や、盗聴範囲の拡大など、検察と警察の権限拡大の方向が盛り込まれています。これも多くの場合、国会議員が、拡大した検察・警察権限の適用対象になり得る事実を、当の議員自身が分かっていないという体たらくです。

いや、分かっている議員もいるでしょう。審議のプロセスで「ああこれはまずい」と思うようになった議員もいるでしょう。いたとしても、党議拘束があるから、意見を変えてノーと言えない。党議拘束ってのは、その意味で、議員たちの自殺行為なんです。

公聴会が儀式だと認めた委員長

神保　今回、注目して欲しいのは、9月15日と16日に行なわれた公聴会です。SEALDsの奥田愛基《おくだあき》さんの話が注目されましたが、あの2回の公聴会では、一連の国会審議を通じて出てきた法案の問題点が、公述人から指摘されていたんです。だから公聴会はとても重要でした。

公聴会っていうのは、英語でpublic hearingです。public、つまり国会の外の一般の人たちの意見を聞いて、それを国会審議や法案に反映させていくためのプロセスです。しかし今回政府・与党は公聴会の後、その日のうちに法案を採決する構えでした。結果的に野党の抵抗で委員会採決は翌日に、本会議の採決はさらにその2日後まで延びましたが、要するに政府・与党は最初から公聴会の中身を法案に反映させるつもりが全くなかったわけです。

実際に横浜の公聴会では、冒頭、公述人の一人だった水上貴央《みずかみたかひさ》弁護士が、「この公聴会はセレモニーなんですか？ それとも本気で聞くつもりがあるんですか？」と鴻池委員長に質《ただ》す場面がありました。

これに対して鴻池委員長は、「今、ちょっと理事が（採決の日程を）話し合っているところです」としか答えられず、それがセレモニーであることを否定しませんでした。そして、現にそうなっちゃった訳ですよね。

公聴会はほんの一例ですが、他にも安倍政権は違憲の疑いのある法案を提出するために、内閣の人事権を濫用して内閣法制局長官を集団的自衛権の容認派に挿げ替えたり、10本もの法案を1本にまとめて審議したりと、今回の安保法制の制定過程は、民主主義的な正当な手続きをことごとく無視したものでした。

所詮は国防総省の予算請求問題

神保　もう一つ、なぜ安倍政権はあれだけの強行策に出てまで、法案の採決を急いだのかを考えておく必要があります。

今国会は、戦後最長となる延長幅をとり、9月27日まで延長されていますが、通常国会は一回しか延長ができません。再延長はできないわけです。だから、もしそれまでに法案を通せなければ、今国会での成立に失敗することになります。

でも、急ぐ理由の一つに日中間の緊張があるという人がいますが、中国と日本の間で何かあった場合は、個別的自衛権で対応できることなので、別にこの法案は関係がありません。

だから、野党があそこまで採決に反対し、世論調査では国民の大多数が審議は尽くされてないと考えていることも分かっているのだから、今国会で無理はせずに、次の国会で継続審議にすればいいはずじゃないですか。

だけど、安倍政権としてはそうはいかない。それはアメリカと約束しちゃったから、なんです。安倍さんは4月末に訪米した時に、議会で大見得を切って、夏までの可決を約束しちゃいました。

アメリカとの約束を守るためには、野党はおろか、国民の反対があっても、なりふり構わず突き進む。そこにこの法案の性格が、色濃く出ています。それこそが、この法案の本質であり、指摘された数々の問題点も、根本的な問題がそこにあるのではないでしょうか。

宮台 そうです。しかも「アメリカとの約束」と言っても、政治学者の藤原帰一《ふじわらきいち》さんによれば、国防総省は喜んでいるけれども、アメリカ政府は、別に急いでそんなものを制定してもらいたいとは思っていない。簡単に言えば、どうでもいいわ、ということですよね。

その意味では「アメリカがそれを日本に要求している」という言い方は、いつもミスリーディングです。ほら、「アメリカは……」ってよく言うでしょう？　今回も「アメリカは……」という主語を使っているけど、実際このケースは国防総省でしょ、基本的には。

神保 そこです。その国防総省ですが、これは国防総省の準機関紙である「スターズ&

ストライプス」で報道されていたことなので、信頼できる情報だと思いますが、国防総省の来年度の予算要求は、日本がこの法案を通し、これまでよりも大きな軍事負担をしてくれることを前提にしたものになっているそうです。

つまり、安保法案が夏までに通ると言われたんで、じゃあ来年からは日本がここまでやってくれるだろうから、予算はこのあたりはいらないや、ということで、アメリカの国防総省が既に法案の可決を前提に動いているということなんですよね。少なくとも日米の政府間では、この法案は既に完全な既成事実になっているんですね。

そうしたプレッシャーもあって、安倍政権としてはとにかく何があっても、この国会で通さないとダメだということになってしまったようです。結局のところ、その法案は日本の自発的な行為でもなければ、そもそも日本のためのものでもなかったということなんですね。

宮台　国防総省の予算請求問題なんですよ。

神保　そこに問題の本質があると思います。だから、例えば武力行使の基準となる存立危機事態も「政府の総合的な判断」としか決められなかった。

我々から見ると、それは抽象的すぎて政府がやりたい放題できてしまう危険な法律ということになりますが、アメリカが戦争への協力を求めてきた時に協力できるようにしておくための法案だとすると、事前に基準を明示するわけにはいかなくなります。かといって、どういう時に武力を行使するのかについて「アメリカから求められた場合」とは法律には書けません。だからああいう内容になった。

ただし、今はアメリカのために通した法案であっても、その後どのように運用されるかは分からないので、やはり官僚の暴走の危険性は否定できません。その暴走はアメリカからの協力要求の枠内で行なわれることになるか、その外まで拡大するかの違いは、われわれにとっては大きな意味を持ちません。

どんな理由であろうが、憲法も国民の意思も無視して、国民の命を危険に晒《さら》すような武力攻撃を行なうことが問題なのですから。

半分冗談のように聞こえるかもしれませんが、野党は不信任案や問責決議案を立て続けに出すよりも、アメリカ政府、とりわけペンタゴンにロビーイングをした方が、効果的だったかもしれません。

アメリカ政府に、民意の支持を得ないままこの法案を無理矢理通すことはアメリカにとっても得策ではないと説明し、とりあえず無理に今国会で通さずに、継続審議とすることを認めてもらえれば、案外丸く収まったかもしれません。まあ、そんなことできっこないし、それではGHQ時代と変わらなくなってしまいますね。

ただ、頭のいい官僚たちはこのあたりのことも全部分かっています。彼らとしても、政治の世界は「一寸先は闇」で、この先、安倍政権もどうなるか分からないので、通せる時に通してしまいたいというのが本音だと思います。権限を拡大し、予算を拡大するチャンスは絶対に逃さないのが官僚の基本的な行動原理ですから。

議会の暴走には抵抗権の行使で

宮台　行政官僚の権限の無限肥大については、ウェーバーが述べたように、行政官僚機構を抜本的に変える意欲と力を持つ強い政治勢力を、有権者が選挙で誕生させるしかありません。国民を前に威張る行政官僚も、国民の空気に押された政治家には、弱いのです。

神保　民意に裏打ちされた政治家の意思には弱い、ということですね。

宮台　そうなんです。だから、行政官僚が裁量行政の無限拡大を狙っていても、国民の間に澎湃《ほうはい》として巻き起こった巨大な世論が、特定の政治家や政治勢力を後押ししている場合には、そういう勢力を官僚が騙したり潰したりすることが、非常に難しくなるんですね。

神保　民意の裏付けがないと、例えば鳩山《はとやま》（由紀夫《ゆきお》）さんがいきなり「少なくとも県外」とか言い出しても、それだけじゃ官僚は政治家を怖がらない。政治家が丁寧に国民を説得して、十分な国民の支持を得た上で官僚に命じれば、仮にそれが官僚にとって都合の悪い命令だったとしても、官僚にそれを止める力はありません。

宮台　ただし民意が相当大きい場合に限られます。官僚が政治家を丸め込もうとしても、政治家が窓の外を指して「この大規模なデモを見てくれ、この国民の声のうねりに逆らって、私が政治を行なえる筈がないだろう」という風に政治家が言うことで官僚が黙ります。

行政官僚も「大規模な国民の声に逆らったら、俺たちもひどいことになるかもしれないな」と思うからです。だって、行政官僚の最終的な人事権は、日本の場合は限られているとは言われていますが、しかしそれでも「文面上は」政治家にある訳ですからね。

神保　だから、デモには意味があるし、僕は暴動を奨励するつもりはないけれども、市民の抵抗権は民主主義の最後の砦《とりで》です。ドイツなどでは基本法＝憲法で抵抗権が保障されているし、アメリカの憲法第二修正条項に定められている市民の武装権も、政府に対する抵抗権の一環です。

日本ではまだデモに対する抵抗というか、デモが反社会的な行為であるかのような見方をする人が少なからずいるようですが、デモは民主主義の大事なパーツの一つです。

逆に、今回、日本でデモが大規模になってきているということは、その手前の民主主義の防波堤がことごとく突破されたと国民の多くが感じていることを反映しているんですね。

デモよりも手前にある民主主義の防波堤が機能していれば、別にそんなデモなんかしなくてもいいわけですよ。自分たちの意見がきちんと政治に反映されていると感じることができれば、誰もデモなんてしませんから。

ここで言う突破された民主主義の防波堤とは、例えばこれまで中立的な立場で憲法との整合性をチェックする機能を担っていた内閣法制局長官に、集団的自衛権の容認を公言する外務官僚を一本釣りで任命したり、これまた民主主義の重要な防波堤の一つであるメディアに容赦なく介入をしてみたり、閣議決定で憲法の解釈をしたかと思えば、いい加減な国会答弁を繰り返した挙げ句、法案を強行採決してしまったことなどです。
　そのようにこれまで曲がりなりにも機能していた民主主義のセーフティネットが、次々と破られていくのを目の当たりにして、最後はデモに訴えるくらいしか権力の暴走を止める手段がなくなっていたと、多くの人が感じていた結果が、あのデモの盛り上がりだったのではないかと考えています。

宮台　そうなんです。選挙で通ったらなんでもできるぞ、という人が政治をやっている場合にどうやって戦うか。簡単に言えば「ルソー的な戦い」しかありません。代議制で選んだ人が暴走している場合には、次の選挙までの間は、抵抗権を行使するしかないのです。

神保　その意味で安倍政権は、実は日本の民主主義の中興の祖になるんじゃないか、みたいな冗談が、マジで成り立ちそうですね。

宮台　まず、憲法が統治権力を縛るものだということを国民の多くが知る初めてのチャンスとなった。さらに〈任せて文句たれる政治〉だけでは政治が暴走し得ることを初めて知った。これらに気づかせてくれた安倍晋三さん、どうもありがとうございます！（笑）

神保哲生《じんぼうてつお》

１９６１年東京生まれ。15歳で渡米。国際基督教大学教養学部社会科学科卒業。コロンビア大学ジャーナリズム大学院修士課程修了。ＡＰ通信など米国報道機関の記者を経て独立。99年、日本初のニュース専門インターネット放送局『ビデオニュース・ドットコム』を設立。主なテーマは地球環境、国際政治、メディア倫理など。

第 二 章

脆弱になっていく国家・日本の構造とは

感情が劣化したクソ保守とクソ左翼の大罪

なぜ三島由紀夫は愛国教育を徹底的に否定したのか

小中学校の「道徳」の授業が「特別の教科」に格上げされると、文部科学省は新たな学習指導要領を告示しました（2015年3月）。

これにより小学校は2018年度、中学校は2019年度から「道徳」が正式な教科となり、検定教科書と評価が導入されます。

「道徳」が評価を伴う教科になるのは、戦前から戦中にかけて実施された教科「修身」以来のこと。

「子供たちに正義や愛国心を教えられる」と歓迎する声もあります。

また文部科学省は教科の目標を「多角的な考え方を身につけること」と説明しています。

しかし一方で「道徳の評価とはどのようにするものなのか」「結局押しつけではないのか」など、不安視する意見もまだまだ根強くあります。

宮台さん、「道徳」を小中学校での正式な教科として導入する動きは正しいことなのでしょうか？

三島は右翼だからこそ愛国教育を徹底否定した

無教養な人たちが増えたから、こういう「非常識」なことが起こってしまうんだろうな、と思いますね。教養があれば、こういう教育をほどこすと「浅ましい」「さもしい」人たちが増えることが分かるはずです。

三島由紀夫《みしまゆきお》が「愛国教育」に反対していたのは有名です。三島由紀夫はもちろん天皇主義者の右翼です。それにプラスして重要なことを言うと、ギリシャの古典主義に深い造詣《ぞうけい》と愛着を持っていました。まず、皆さんの無教養を正します。右翼とは何？

巷には右翼と左翼をフランス革命に遡《さかのぼ》って説明する人だらけだけど、平等が是か非かとか、社会主義が是か非かとか、イデオロギーの内容に結びつける理解が大半で、デタラメ。戦前は石原莞爾《いしはらかんじ》や北一輝《きたいっき》など右翼の多くが資本主義を否定していたが、説明できますか？

教養ある者であれば、プロテスタント神学者シュライエルマッハーによる主意主義（右）と主知主義（左）の区別から、中世スコラ神学の弁神論（なぜ悪はあるのか）を経て、初期ギリシャの哲学（万物学）に遡ります。三島も石原も北も、その意味でだけ右翼です。右翼（主意主義）とは、損得勘定を超えて、内から湧《わ》き上がる力（ラテン語でヴィルトゥス↓英語でヴァーチュー）を愛《め》でる立場です。僕の言葉では〈自発性〉ならぬ〈内発性〉を尊《とうと》ぶ立場が右翼です。これ以外の理解の仕方では、思想史の全体を全く見通せません。シュライエルマッハーの説明が分かりやすい。なぜ悪はあるのか。左（主知主義）は、全知全能である神の計画だと理解する。右（主意主義）は、神は全知全能なのだから、人知を超えて端的にソレ（悪）を意志すると理解する。そう。端的な意志を尊ぶのが右。

そうした意味で右翼である三島由紀夫は、「愛国教育のようなもの、道徳教育のようなものをやると、何が起こるのか」についてシミュレーションしています。いったい何が起こると思いますか？　三島の答えを聞く前に、まずは自力で考えてみましょう。

答え。増えるのは愛国者ではなく「一番病」「優等生病」［「一番病」「優等生病」……前者は鶴《つる》見《み》俊輔《しゅんすけ》（1922～2015、哲学者）、後者は竹内好《たけうちよしみ》（1910～1977、中国文学者）の言葉］。優等生が「ぼくこそが愛国者です」と愛国者ブリッコをする。損得勘定の〈自発性〉で愛国ブリッコをする「浅ましい輩《やから》」「さもしい輩」が増える。そんな輩は愛国者の風上にも置けません。

愛を義務化する倒錯に気づかぬストーカー量産国

2500年前、ギリシャの人々は、損得勘定の〈自発性〉を蔑《さげす》み、内から湧き上がる〈内発性〉を尊びました。これを踏まえてアリストテレスは秩序を「賞罰（損得）によって維持される秩序」と「内から湧く力で維持される秩序」に整理し、後者に軍配を上げました。

彼はギリシャの伝統的思考に理由を与えます。戦争があった場合、損得勘定で秩序に与《くみ》する者が大半のポリスでは、人々が逃げます。ポリスが生き残ってこられたのは、損得勘定を超えて貢献心を発揮するゾーオンポリティコン（政治的動物）が存在したからです。

日米開戦の直後に招集された、敗戦後の日本を統治する方法を研究する米国の特命チームのリーダー、ルース・ベネディクトは、有名な『菊と刀』で、日本兵は狂信的ナショナリスト（愛国者）だと思っていたら、まったく違った、ということを書いています。

捕虜になった日本兵はみんな、シャワーを浴びさせてもらい、食事と寝床を与えられると、翌日から極秘事項であれペラペラと喋《しゃべ》り始める。狂信的な愛国者は一人としていなかった。彼女はそこに、日本独特の、「罪の文化」ならぬ、「恥の文化」を見出したわけです。

要は、周囲の視線を気にして、愛国ブリッコしていただけ。三島は教養人だから、彼女のこうした分析を熟知しています。そんな三島にとって大切なことは、損得感情の〈自発性〉を超える、内から湧く力である〈内発性〉ゆえに国に貢献する者を、育てることです。

愛国教育であれ兵役であれ、国への貢献（に向けた教育）の義務化を提唱する輩は、「損得勘定ならぬ、内から湧き上がる力」以外は実際には愛国に役立たないというギリシャ以来の知恵を、ないがしろにする無教養な田吾作［真理や知識が意味をもたず、従ってどこにも大ボスがいないにもかかわらず、空気に縛られる存在のこと。つまり、一言で「ヘタレ」のこと］に過ぎない。それが三島の考えでした。

ちなみに、そんな〈内発性〉を支える中核こそ、天皇への愛と尊崇《そんすう》の感情だと三島は考えたのですね。初期ギリシャには、天皇に相当する存在はいなかったので、ここには、歴史を振り返ることで三島が独自に見出した、日本人の「心の習慣」があることになります。

これに同意するかどうかとは別に、三島は愛の対象として天皇を持ち出したので、愛を義務化することの倒錯《とうさく》が明瞭になりました。三島はこうした倒錯を、徹底的に侮蔑《ぶべつ》、嫌悪《けんお》しました。こうした倒錯に気づかぬ輩は、そもそも人でさえ愛せるのか。ストーカーが関の山。

「ボクを愛することは、キミの義務だ！」ってか（笑）。もしも三島が生きていたら、こういうアホウどもを量産する装置として、昨今の「愛国教育の義務化」を揶揄《やゆ》しただろうと、僕は想像します。なにせ大衆文化など世俗の営みにいつも注目していた三島ですからね。

三島が生きていたら、昨今の「愛国教育の義務化」への動きをどう見たか、思い半ばにすぎます。彼は道徳教育一般がダメだとは言っていません。しかし〈自発性〉と〈内発性〉の区別もできない田吾作が、「先生」と称して愛国教育（？）をするなど、ありえない。

総理大臣の質だけでなく、日本の教員の質も考えましょう。そうすれば、道徳で成績をつけることを制度化するという施策が、「一番病」「優等生病」のインチキ愛国者を量産する結果を反復してしまうだろうことは、もはや明白すぎるはずです。

三島由紀夫に言わせれば、戦前戦中の自称愛国者の大半が、「一番病」「優等生病」、要するに「浅ましく、さもしい輩」です。大勢から承認されたくて「はーい、僕こそが愛国者でーす！」と手を挙げる。そういう恥さらしなクソ野郎を量産してどうするのか。

声だけデカイ「浅ましい少数者」に怯《おび》えるな

問題はむしろ、そういうクソ野郎どもをいかに少なくするかっていうことであるはず。その意味で言えば、関連する話題として、小熊英二《おぐまえいじ》さんが朝日新聞でネトウヨ対策について、面白い記事（朝日新聞2015年3月26日）を書いていらっしゃることが注目に値します。アウトラインを紹介します。

社会学者の辻大介《つじだいすけ》らの調査によると、ネトウヨはネット利用者の1％。と言っても100万人近い規模で、特定の場所に集中するから規模が大きく見えたりするし、宗教団体による本のバイアウトと同じで、本の売れ行きに大きな影響を与えたりもできる。

だから大きな存在に見えるけど、それは錯覚で、実際はたった1％。だから出版社もテレビ局も一般人も、その程度の存在だと無視するか、目障《めざわ》りならネットのプロバイダやキャリアに対処をお願いしてネット利用から排除すればいい――というのが小熊さんの話。

まあ、既に知られた話の確認なわけですが、僕はこれに付け加えたいことがあります。それが今回の話題に関係するんですね。以前から申し上げてきたことだけれど、ネトウヨの人たちが、どんな人なのか想像がつきますか？　それが全ての出発点になるんですよ。

ネットで書かれたテキストの向こう側に、どんな生活があるか。どんな顔をして、どんな風に生きているのか。これを絶えず想像することが大事です。では最初に練習問題。ネトウヨとは誰ですか？　答え。「ネトウヨって誰のことだ！」と噴き上がる人々のことです。

これが練習問題である理由はお分かりですね。「ネトウヨって誰のことだ！」と噴き上がる動機を持ちうるのがどんな人間か考えてみれば、1秒で分かる。と言うと「じゃあ、○△はネトウヨじゃないことになるな」と絡《から》んでくる人々も、同じ理由でネトウヨです。

なぜ、顔を想像することが大事なのか。ネトウヨとは誰かが分かるから……じゃない。

補助線として、アメリカでのネットユーザーの話をしましょうか。アメリカにも「４Ｃｈａｎ」という、日本の「2ちゃんねる」を模した匿名《とくめい》投稿サイトがあるんですよ。御存知ですか。

４Ｃｈａｎユーザー全員をアメリカ人だと勘違いする向きが多くて笑えますが、英語を話す人は世界中にいるので世界の英語人口比率から計算すると、米国人全体に占める４Ｃｈａｎユーザーの割合は、日本人全体に占める2ちゃんユーザーの割合の8分の1から10分の1です。

僕が数年前に東浩紀《あずまひろき》君とアメリカに講演旅行に行ったとき、この計算を元に、大学院生など若いアメリカ人たちに「どうしてこんなに数字が違うのか」と尋ねたところ、よく考えれば当たり前のことを彼らは答えました。いったい、なんと答えたと思いますか？

要は「匿名性の陰で威勢のいいことを言うやつは所詮ヘタレだ、とみんなに思われることを弁《わきま》えるからです」と。「逆に、日本人が平気でネトウヨ的言説を書き散らせる神経が、まったく理解できません、鈍感ぶりを尊敬いたします」と皮肉を言われました。

1％の存在がデカく見える背景に、特定機会への集中や人口絶対数による市場影響力以外に、ユーザーの顔を想像しないので書き込みをマトモに受け止めてしまう、リテラシーの低い人たちが多いことがある。実際、名前を出した連中を見ると履歴詐称者《りれきさしょう》のオンパレードだったりするのです。

こうした勘違いの背景には、「浅ましいか、立派か」という鍵になる対立語彙《ごい》が、昨今それぞれ死語になっていることがあります。顔を想像するとは、ネットのどんな利用の仕方をしている人間が、どの程度さもしく、浅ましい人間かを、想像することです。

そうすれば、その意見が傾聴《けいちょう》に値するかどうかも、瞬時に見分けられるようになります。出版社の編集者や番組のプロデューサーは、ネトウヨ言説に怯《おび》えちゃダメです。アメリカでは「ラウド・マイノリティ」と言うけど、「声だけデカイ少数者に怯《おび》えるな」という話です。

ストーカーとネトウヨに共通する〈感情の劣化〉を何とかしろ

もう一つ、浅ましくさもしい輩の問題というと、既に話題に出したストーカーが浮かび上がります。政府による初めてのストーカー被害の調査結果［内閣府「男女間における暴力に関する調査」（平成26年度）］が出てきまして、「ストーカーとなったのは交際相手・

元交際相手が39％」ということが分かりました。

僕は性愛フィールドワーカーだったから分かるんですが、ストーカー元年は90年代半ばです。最初は一流大学から始まりました。「僕は東大生でこんなに頭がいいし、顔もいいし、スポーツもできるんだけど、僕を受け入れないキミは変だ、恥ずかしがってるの？」と（笑）。

それが2〜3年で一気に全域に拡がり、大学で教員をやって学生から話を聞いていれば日常茶飯事という状態になりました。特に、女が別れようと思っても、受け入れようとしない、別れることを許さないで、嫌がらせを繰り返すという男が、当初から目立ちました。

交際を断ってきた女に、しつこくつきまとうような男って、これ以上ありえないクソ野郎でしょ。こういうクソ野郎が量産される背景と、たとえ人口比1％であれネトウヨが存在して影響力を持つ背景が、実は通底しているということが、僕は言いたいんです。

普通に考えたら、つきまとうようなキモイ男が、女に復縁してもらえるはずがないじゃんね。そのことが分からない時点でキモイの自乗。「浅ましくさもしい男」が嫌われるに決まっているのに、自分が「浅ましくさもしい男」だということが観察できないって、何？

ネトウヨの相似形ですね。「女子高生に聞いた、カレシにしたくない男ランキング・ワースト1＝ネトウヨ」という調査結果も有名です。ストーカー元年から20年。先ほどの調査では、ストーカー被害体験をした女性は1割超。この惨憺《さんたん》たる事態こそが、まさに反愛国的です。

先ほど申し上げたように、実際にアメリカでは「匿名のネトウヨ＝卑怯者」という扱いでした。なんで、こんな輩が育つのか。教育という観点で言えば、ネトウヨやストーカーのような〈感情の劣化〉を被《こうむ》った反愛国的な人間を育てないことこそ、道徳教育上いちばん重要でしょう。

愛国教育を義務化するなら、ネトウヨやストーカーのような国辱的存在を育てないための道徳教育をしろ。浅ましい人間を育てる愛国教育じゃなく、立派な人間を育てる道徳教育をしろ。せめて三島由紀夫の愛国心に関する基本テーゼくらいは教養として学べよな。

「沖縄本土復帰」の本当の常識と「沖縄基地問題」の本質とは

第二次大戦で悲惨な地上戦の舞台となり、その後27年間アメリカの統治下に置かれていた沖縄が、日本に返還されてから2015年で43年が経ちました。返還されるまでは流通する貨幣はドルで、日本への渡航にはパスポートのようなものが必要でした。

しかし、1972年の返還後もアメリカ軍の基地は存続し、今でも日本のわずか0・6％という狭い面積の沖縄に、日本全体のアメリカ軍基地の73・7％が集中しています。

中国の海洋進出などを考えると地政学的に非常に重要な場所にある沖縄ですが、その沖縄では2014年から与党の候補が選挙で連続して敗れるなど、これまでとは違う住民の一種の意思表明を感じる人もいるようです。

宮台さん、沖縄問題の根源となっている「沖縄の本土復帰」の本当の常識について、それと「沖縄基地問題」の本質について教えて下さい！

敗戦後から講和条約発効まで

話をアメリカの直接統治が始まる敗戦後に限ります。1951年にサンフランシスコ講和条約が結ばれて翌年4月28日施行されます。それでアメリカが沖縄の施政権を握ると決められました。日本の主権が回復した条約で、アメリカによる沖縄統治継続が決まったのです。

沖縄米軍用地は、初期は、敗戦直後に沖縄の人々が収容所に入れられている間に無断で接収され、朝鮮戦争期には、土地で生活していた人たちの眼前で、沖縄の人たちの象徴的言い方では「銃剣《じゅうけん》とブルドーザーで」接収された。補償も支払いもない暴力によるものです。

接収したのは、琉球列島米国軍政府。敗戦に先立つ45年3月、上陸後に軍政府が成立します。激しい沖縄戦を経た敗戦後の県庁消滅で、45年8月、軍政府は沖縄群島「琉球列島すなわちかつての琉球王国の範域は、沖縄群島地域・奄美《あまみ》群島地域・宮古《みやこ》群島地域・八重山《やえやま》群島地域（石垣島周辺）、の4地域からなる」を管轄する沖縄諮詢《しじゅん》会（住民代表者会議）を設立。宮古支庁・八重山《やえやま》支庁も県庁の消滅で独自に地域管轄します。

46年2月、北緯30度以南の、日本からの分離が決定、大島支庁が鹿児島県庁から軍政府下に入ります。軍政府は46年4月、沖縄群島［47年3月、宮古支庁は宮古民政府、八重山支庁は八重山民政府、大島支庁は臨時北部南西諸島政庁になる。50年8月、沖縄民政府→沖縄群島政府、宮古民政府→宮古群島政府、八重山民政府→八重山群島政府、臨時北部南西諸島政庁→奄美《あまみ》群島政府、へと改組］の行政機構として沖縄民政府を置き、民政府知事として諮詢会委員長・志喜屋孝信《しきやこうしん》を任命。知事の諮問機関として沖縄議会を設置します。

沖縄議会は、議会とは言っても選挙によらず、戦前の沖縄県会議員と米国軍政府の任命議員によって構成されたものです。同じく、議会と言っても議決機関ではなく、知事の諮問に答える権限しかありませんでした。沖縄議会は１９４９年に沖縄民政議会に改組されます。

琉球列島米国軍政府も、１９５０年に、沖縄の長期的統治を今後の前提として、琉球列島米国民政府に改変されます。講話条約の施行後、沖縄民政府は琉球政府に改組されますが、その上部組織が米国民政府になります。米国民政府は、琉球大学や電力公社も所管しました。

講話条約発効から本土復帰まで

講和条約発効前には、米国軍政府（米国民政府）は、沖縄民政府（沖縄群島政府）、宮古民政府（宮古群島政府）、八重山民政府（八重山群島政府）、臨時北部南西諸島政庁（奄美《あまみ》群島政府）の決定を、自在に覆《くつがえ》せました。ことほどさように政治の主権は、アメリカにありました。とはいえ、米国軍政府（米国民政府）が追認する決定を、各地域の民政府（群島政府）の知事が「議会」の諮問を得て行なうこともあり、現に米国軍政府（米国民政府）は琉球列島の住民に民主主義を教えるとのスタンスをとっていました。ただし飽《あ》くまで冷戦体制深刻化以前の話です。

講和条約発効後になっても、各群島政府は纏《まと》められて琉球政府になったものの、琉球政府主席（かっての知事）という存在が認められたり、琉球列島の人たちによる民選議会である立法院の存在が認められたりと、従前通り、いくぶんかは自治的な形式が存在しました。

でも、49年8月のソ連核実験成功や49年10月の中華人民共和国成立を経て、50年6月の朝鮮戦争勃発で、琉球は「東アジアの要石《かなめいし》」としての最前線基地に変貌《へんぼう》して、駐留米軍が急増。住民の土地を強制的に接収する、「銃剣とブルドーザーによる米軍基地化」が行なわれました。

そうした中で講話条約発効を迎えたので、米国民政府（旧米国軍政府）による軍政下の琉球政府のもとで米軍基地が更に増加。米兵が起こす事故や事件で多くの住民の命が奪われ、「島ぐるみ闘争」と呼ばれる抵抗運動や、60年の「祖国復帰協議会」の結成につながります。

60年代に入ると、キューバ危機を経て、ベトナム戦争に突入。沖縄はここでも最前線基地となって、駐留米軍が一層増大。米兵による事件や事故が更に激増したのに加え、B52爆撃機が沖縄から戦地に向かうことへの反発ゆえ、復帰運動は反米色と反戦色を濃くします。

かくして復帰運動に日の丸が踊りました。とはいえ沖縄全土が復帰一色だった訳じゃない。第一に、土木関連勢力が、第二に、飲食業・風俗業勢力が、権益を失うとして返還に反対。第三に、労組・新左翼陣営が、安保体制継続とのバーター取引だとして返還に反対しました。

基地返還運動で一丸になれなかった沖縄の歴史

これらの反対陣営に対してお金が動いていた事実もあります。ちなみに、今日に至るまで、「経済的権益を追求するがゆえに露骨な陣営対立を見せ、それゆえに本土の政治家や官僚らから徹底的に馬鹿にされながらツケ込まれる」という失敗を沖縄は繰り返してきました。

例えば、辺野古《へのこ》基地について防衛省は当初、基地新設にならず、埋め立ても伴わない、キャンプシュワブ内を考えていましたが、これを覆して、辺野古埋め立て案を米軍との直接交渉で纏《まと》めたのは、県北の建設業界の人々［沖縄県防衛協会。当時は仲井眞《なかいま》弘多《ひろかず》前知事が代表］です。

理由は、新たに海を埋め立ててもらった方が、砂利《じゃり》とコンクリートを大量に発注してもらえるからです。遡ればキャンプシュワブと周辺繁華街の開発自体、1950年代末からのアップル中佐と地元民たちの積極的な協力関係によってなされてきたものです(『邊野古誌』)。

でも、基地返還への反対を単に利権亡者の愚昧《ぐまい》として却《しりぞ》けられません。「全体として沖縄の基地がなくならないのなら、基地の立地継続を前提として経済的利益の極大化を目指すことが沖縄のためになる」というのが、仲井眞氏ら基地返還反対勢力の伝統的な発想です。

「全体として沖縄の基地がなくならない」との前提を自明なものとして沖縄内の基地返還反対勢力に信じ込ませた責任を、本土の我々は免《まぬが》れません。でも、本土の役人や政治家による基地返還反対勢力へのツケ込みを許してきた沖縄自体も到底イノセントとは言えません。

現に、基地返還勢力を担った大田昌秀《おおたまさひで》知事以降、県民の選挙で、基地返還反対勢力を代表する稲嶺恵一《いなみねけいいち》知事と仲井眞弘多知事が選ばれ、4期16年の長きにわたり、縮小した基地経済に代わって、基地の見返りとしての膨大な交付金を頼った県政を継続してきた事実があります。

復帰段階では50%台だった米軍専用施設の割合が、今日74%近くまで上昇し、日本全体のそれの4分の3が集中、沖縄本島の19%の面積を占めるまでに肥大したのは、なぜなのか。今紹介したような、いくぶん複雑な事情があったのです。

翁長知事が切り拓いた新たなフレームへ

でも、元自民党の翁長雄志《おながたけし》知事になって、図式が変わった感もあります。知事選における翁長氏の「オール沖縄」運動は、従来の自民党支持者から共産党や沖縄社会大衆党の支持者まで含めた沖縄の人たちが、価値を共有するための、実に素晴らしいチャンスになりました。

知事選前に私が上梓《じょうし》した仲村清司《なかむらきよし》氏との共著本『これが沖縄の生きる道』では、イデオロギーと利権を超える「オール沖縄」は良いが、沖縄アイデンティティを持ち出すのは違うと危惧《きぐ》しました。地元新聞がこぞって、スコットランド独立運動を沖縄に引きつけ、「アイデンティティかカネか」と紹介していたからです。

これは粗雑な思考です。今日アイデンティティベースの独立運動はありえません。スコットランドにはゲール人系もいればケルト人系もいればイングランド人系もいるので、アイデンティティをもちだすと差別や抑圧が隠蔽《いんぺい》・奨励され、むしろ分断工作に近くなります。

そこでスコットランドはアイデンティティならぬ価値を独立の理由にしました。スコットランドは気候が厳しく工場労働者が多いので、一貫して議会選挙で労働党議員を送り出してきたのですが、独立に際しても、新自由主義をイングランド的価値として否定しました。

沖縄も同じ。アイデンティティに頼れば宮古差別・八重山差別・奄美差別が隠蔽されます。沖縄には昔も今も、琉球列島（琉球王府の範域）の全域に拡がる沖縄アイデンティティなど存在したことがない。〈価値のシェア〉をベースに「オール沖縄」を展開すべきなのです。

跋扈《ばっこ》するアイデンティティ厨に気をつけろ

保守すべき沖縄社会の価値に合意することが〈価値のシェア〉です。そもそも保守には、かつての亜細亜主義者の如き〈社会保守〉、安倍晋三推しの経済界の如き〈経済保守〉、反共・反韓主義者の如き〈政治保守〉、アメリカ福音諸派のような〈宗教保守〉があります。

安倍首相は〈経済保守〉で財界が喜ぶように経済を回そうとします。政権維持のために「戦後レジーム」を終らせるなどと〈政治保守〉としても振る舞うが、対米従属こそ最大の戦後レジームで、所詮ウヨ豚［ネトウヨのこと］しか共感しないから、〈経済保守〉の面だけ注視すればいい。

他方、翁長氏は那覇市長時代に「しまくとぅば県民運動」［消滅の危機にある沖縄地方の固有の言葉を継承・普及させる県民運動のこと］を推進した〈社会保守〉です。戦間期の和辻哲郎《わつじてつろう》［1889〜1960、哲学者、倫理学者］における「風土を守る」「習俗を守る」の発想に近い。〈社会保守〉の特徴は国境にこだわらないことです。戦間期の北九州にいた亜細亜主義者たちが典型でしょう。

カネにタカる〈経済保守〉は浅ましく、国境に拘《こだわ》る〈政治保守〉は頓珍漢《とんちんかん》。沖縄の道じゃない。〈社会保守〉の貫徹でこそ観光価値をも長期的に保全できる。翁長氏が自民党と袂《たもと》を分かった理由は、本土に媚《こ》びる〈経済保守〉と沖縄の〈社会保守〉が両立しないから……。

といった具合に、「オール沖縄」は、罠《わな》に満ちた排除的なアイデンティティよりも、希望に満ちた〈価値のシェア〉として理解されない限り、差別の隠蔽や「ナショナリズム」の衝突を招き、沖縄の社会は、本島と離島とで、本土の人と沖縄の人とで、分断されるでしょう。

クソ左翼とクソ保守の愚昧に引きずられるな

翁長知事やその周辺には、これから言うような思いもあるのではないかと、推測します。九条平和主義が真に合理的かどうかは横に置き―僕は重武装中立論者だから非合理との立場―日本が戦争をしない国だという前提があるから沖縄が犠牲を払ってきたのだ、と。

その前提に「九条平和主義の矛盾」があります。九条平和主義はアメリカの「核の傘」を前提としてきました。核ならずとも、イザとなればアメリカが日本のために武力行使してくれるはず。そのためにも、米軍に基地を提供し、米軍と米兵にあまたの便宜《べんぎ》を図ろう……と。

矛盾の第一は、イザとなれば米軍の武力を頼るのだから、平和主義でも何でもないこと。矛盾の第二は、こうした九条「インチキ」平和主義が、米軍基地のために沖縄を差し出すことで可能になってきたこと。何で日本全国で引き受けずに、沖縄を差し出してるんだよ。

これら2つの矛盾は、沖縄で生きていれば自明です。それでも、日本がアメリカに追随して戦争することがなければ、カネと引き替えに何とか我慢できた。ところが日本がアメリカを応援して戦争することになれば、沖縄の基地が攻撃を受ける可能性が現実化します。

ちなみに「後方支援」などという概念は国際的に存在しない。あるのは兵站《へいたん》logistics。武器・弾薬・水・食料の補給です。兵站提供は国際法［ニカラグア事件に関するＩＣＪ（国際司法裁判所）の判決等で「武器の提供、兵站またはその支援」が武力行使にあたると解釈されたこと］では立派な戦闘行為です。補給先が前線なら必ずしも後方になるとは限らず、だからこそ武器使用基準が最前線と同一になるのです。

「後方支援」という土人語は、どこまでもアメリカのケツを舐《な》めて戦闘行為に参加することでエラぶりたい〈クソ保守〉と、どこまでも九条平和主義が貫徹していると信じたい〈クソ左翼〉の、共通の無責任さを背景としたもので、まさに噴飯物《ふんぱんもの》。

日本がアメリカを応援して兵站提供することは、アメリカのために戦闘行為をすることです。「日本がアメリカを応援して戦争することになれば、沖縄の基地が攻撃を受ける可能性が現実化する」という先に述べた命題は、今申し上げたことを前提に理解する必要があります。

かつて〈クソ左翼〉の九条平和主義への「呑気《のんき》な」信仰があったように、昨今では〈クソ保守〉の対米追従路線への「呑気な」信仰があります。両方とも、米軍基地を沖縄に押しつけているがゆえの、無責任で反倫理的な「呑気」を背景とした、「戦後レジーム」そのものです。

今回は本土復帰を焦点に話しましたけど、まだ沖縄問題の序の口です。とはいえ、今回の範囲でも、沖縄内部に今も〈アイデンティティ厨〉〈クソ経済保守〉〈クソ政治保守〉がいることや、沖縄をダシにする〈クソ左翼〉〈クソ保守〉の健在ぶりが、分かったでしょう。

大震災後の復興過程で露わになった日本社会の「排除の構造」とは

２０１１年３月11日の東日本大震災から４年が経ちました。
被災地も日常を取り戻しつつあるように見えますが、
一方で「復興の途《みち》はまだまだ険しい」「物理的な面での復旧は進んでいるものの、
被災住民の暮らしの再建は全く進んでいない」「被災地の農業は風評被害で今も苦しんでいる」と
いった声もよく聞かれます。
また、被災した地域では仮説住宅から復興公営住宅に移り住む被災者も出てまいりましたが、
実際には生活の自立が難しい被災者が依然多く存在することも事実です。
そこで、東日本大震災とそれがもたらしたものとは何か、
そしていまだに生活の不安を抱える被災者にとって本当に必要な支援とは何か。
石巻市を何度も訪れて取材をされている宮台さん、
大震災後の復興過程で浮き彫りになった日本社会の問題とはいったい何だったのでしょうか？

自立推奨の虚妄と「排除の濃縮」

まず、一つめのテーマ「大震災とそれがもたらしたもの」の結論部分から言いますと、被災地のことだとタカを括《くく》って聞いていただきたくないんです。未曾有《みぞう》の大災害となった東日本大震災は、単に国土を破壊しただけではなく、日本の社会が抱えているさまざまな問題を露《あら》わにしました。

10年後か20年後か分かりませんが、今回被災していない場所、つまり被災していない方々の近辺でも、〈社会が支えられなくなった人々を、行政も支えられなくなって、その後どうにもならなくなる〉という図式、それが明らかになったということなんですね。

今回、石巻市《いしのまき》で僕が見てきたのは復興公営住宅です。復興公営住宅とは、その名の通り公営住宅です。ただし被災者のために、所得による入居条件が緩和《かんわ》された上、低所得者は数年間家賃が安く抑えられます。つまり、入居条件がゆるい公営住宅なんですね。

そこに入れるということになれば、仮設住宅に住む被災者は、全員ではありませんが公営住宅に移ります。すると、被災者はもう「被災者」というカテゴリーではなく、「立ち直った人」というカテゴリーになったと判断されがちです。たぶんそうなります。

しかし、そう簡単な話じゃありません。なぜか。震災から既に4年が経っています。復興公営住宅ができる前から、自分で仕事できたり、ローンが組めたり、要は自立可能な人たちは、櫛《くし》の歯が抜けるように、どんどん出ていってるんですね。

その結果、現時点で仮設住宅に残っている人は、4年前の7割ほどですが、ほとんどの人が自立が難しい弱者です。病気だったり、高齢者だったり。そういう人たちがこの時期に、復興公営住宅に入っていきます。だから高齢者率が4割を超えます。

民間支援者が撤退する恐ろしい流れ

阪神淡路《はんしんあわじ》大震災を見ても、復興公営住宅に入っている人たちの高齢化率は、既に5割を超えます。東北でもやがて5割、6割になります。そういう人たちだけが集まった社会を想像してほしい。とてもじゃないが、簡単に「自立しろ」なんて言えません。

自立できない人たちが残ることに加えて、もう一つ問題があります。仮設住宅の時代には、全国から民間支援者が行政のお金で入ることができました。ちなみに、被災地に限らず日本のケアシステムは、行政から民間が委託されるケースが7割以上に及びます。

民間支援者は頑張っています。でも、復興公営住宅に入居して「立ち直った」という話になると、予算規模が縮小されて撤退します。すると、蓄積されてきた民間支援者のノウハウが失われ、行政の住民支援が圧倒的に空洞化することが予想されます。

こうして弱者が支援から「排除」されます。「排除」と言っても放り出されるのではない。むしろ行政による「包摂《ほうせつ》」にも拘《かか》わらず網《あみ》に掛からなかった人々が残り、それを「包摂」しようとして更に残る。その場所が復興公営住宅です。これを僕は「排除の濃縮」と呼びます。

鬱《うつ》の拡がりのもととなる「見えない」事態

また、統計と実態との乖離《かいり》の問題があります。自殺というと鬱《うつ》が話題になります。阪神淡路のときもそうでしたが、仮設住宅に住む被災者たちに鬱の罹患《りかん》が大変多いことが現場から報告されています。しかし実際の統計データには「鬱は2割」としか出てきません。

なぜか。そこには生活保護と似た問題があります。スティグマ―負の烙印《らくいん》―を押されるのを恐れて生活保護の受給を申請しない人が多いので生活保護の捕足率が2割前後に留まるのと同じで、スティグマがイヤで医者に鬱状態を申告しない人が大半です。

健康診断などの際に「ちゃんと表に出ていますか」「人と喋《しゃべ》る機会がありますか」みたいな会話をして、医者が「どうもこの人は鬱だな」と診断する。そうやって発見されたケースが、要は2割という数字の中身なのです。

鬱には社会の病理が濃縮されます。自殺の場合がそうです。原因としての鬱というと「病気だ」と捉えられがちですが、自殺関連のNPO「ライフリンク」のイニシアチブで2008年にできた『自殺実態白書』で統計的に明らかになったように、単なる病気ではありません。

詳しく分析をすると、「金の切れ目が縁の切れ目」が浮かび上がります。病気や事故や倒産で仕事ができなくなる。すると家族が離散する。自分をケアする習慣のなかった壮年男性が体も心もどんどん弱くなる。挙げ句、一人寂しく死ぬ。孤独死と同じ因果系列です。

つまり、鬱という「見える症状」として現れている実態の、「見えない背後」を探ると、幾つかの定型的な因果系列―原因と結果のパッケージ―が見つかります。「抗鬱剤《こううつざい》を投与して症状を緩和すれば終わり」という話ではないし、薬では治らない場合が多い。

ホープレス「未来の希望がない」で、孤独であるがゆえに、沈没していく人たち。こういう弱者を、どう手当てしていけるのか。自立可能性のある人から順に行政が「包摂」することで、弱者の「排除」がどんどん「濃縮」され、どうにもならなくなる。どうするか。

「引き金」と「充填《じゅうてん》された火薬」を区別せよ

「そもそも、なぜこうした事態が起こるのか」を考える他ありません。そこで冒頭に予告した結論に戻る。これは「震災が引き起こした」ものなのか。ある意味ではそうですが、別の意味ではそうじゃない。なぜなら、今後は同じ事態が被災地に限らず生じるからです。

確かに震災が「引き金」です。でも、かつて有害メディアの捉え方に関してジョセフ・クラッパー[1960年代にアメリカで活躍した社会学者]が喝破《かっぱ》したように、「引き金」

と「充填《じゅうてん》された火薬」を区別するべきです［火薬が充填されていれば、メディアが引き金を引かなくても、いずれ別の要因が引き金を引く。だから、メディアを除去することは何の解決にもならない。それればかりか、なぜ火薬が充填されたのかという真の問題を覆い隠す「気休め」に過ぎない、というクラッパーが指摘した社会学的知見のこと］。なぜなら、その「引き金」を除去するだけでは、別の何かが「引き金」になって弾丸が発射されるからです。

だから「充填された火薬」を除去する必要があります。有害メディア以前に暴力的素因を取り除かないと結局は暴力が減らないのと同じで、震災の事後対策以前に社会の空洞化を取り除かないと、結局は「排除の濃縮」で、普通に見える人がやがて野垂《のた》れ死にます。

要は「見えるもの／見えないもの」の差異に敏感であることが大切なのです。復興公営住宅問題で露わになった「排除の濃縮」とは、もともと深く広く拡がっていた「見えない」社会の空洞化が、震災をきっかけにして「見える化」しただけなのです。

その意味で、「あれは他人事だ」とタカを括っていらっしゃる読者の皆さんが今既に抱えている「見えない」問題が、被災地で「見える化」しているのです。つまり、皆さんの多くが未来に陥《おちい》るだろう状況が、現在の被災地で展開しているわけです。

今は被災していない場所でも、地域が空洞化していれば、何かのきっかけで「引き金」が引かれた途端、市場や行政の通常的な作動に思考停止で依存していたがゆえに、直ちに路頭に迷い、死の可能性に直面するということです。

行政は個人でなく共同体を支えるもの

社会学や政治学の常識ですが、「行政が個人を直接支援する図式」には限界があります。財政的な限界もあるし、情報的な限界もあります。困っている人にもいろんな背景の違いがあります。それを行政が認知するのは不可能です。共同体が認知する必要がありま す。

「行政が共同体を支援する図式」にしか高い実効性を期待できません。例えば、震災直後、支援物資が被災地に届けられたのに、多くの避難所で全員分が揃《そろ》うまで配分できない事態になりました。「なんでアイツが先にもらうんだ」という浅ましい争いが頻発《ひんぱつ》したからです。

1％にも満たない生活保護の不正受給に噴き上がるくせに、2割前後の捕捉率しかない状態―先進各国は7割から8割―に憤激しないという浅ましいネットユーザーが目立ち、それを当て込む頭の悪い政治家が目立つ、というのも、同じ事情が背景にあります。

また、政府による貧困家庭の支援に反対する人の割合が、先進各国で8％前後、アメリカでさえ28％なのに、日本では38％に及ぶ、というピュー・リサーチによるデータの背景にも、貧困が「個人よりも共同体の存続に関わる問題だ」という意識の乏しさがあります。

再帰的な共同体構築に向けたノウハウの蓄積

柳田國男《やなぎたくにお》が見通したように、日本の共同性は、個人を抑圧する側面を含めて、農村的生活と表裏一体でした。だから敗戦後に就農人口が6割から2％に激減するような社会変化があれば、こうしたデータが示すような社会の空洞化を回避するのは、そもそも無理なのです。

同じ理由で、空洞化を手当てするべく、昔と同じ共同体を復活するのも、全く無理です。であれば、何が処方箋になるか。答え。かつて存在した共同体のいろいろな機能の一部について、かつてとは別のリソースを使って、かつてと等価な機能をもたらす他ありません。

つまり、等価機能主義［機能的に等価な働きをするものを突きとめる方法的立場。マリノフスキーによれば、未開社会には法律も法実務家もないが、呪術や自殺の風習が法と等価な機能を果たす］の立場からする〈再帰的（反省的）な共同体構築〉だけが、処方箋になります。こうした〈再帰的な共同体構築〉のノウハウが蓄積される必要がありますす。その意味で、民間支援者が抜けてノウハウが継承されなくなるのは、実に大問題なのです。

継承すべきノウハウの一つを挙げれば、仮設住宅地域の中には、昔とった杵柄《きねづか》で「ラジオ体操をしましょう」みたいに声かけをして皆を動員する人が「たまたま」存在した御蔭で、地域の共同性を新たに構築することに、成功したところが、少数ながらも存在します。

でも、「たまたま」と言ったように、仮設住宅地域にそういう人がいるか、いないかは、今まで「偶然」に委《ゆだ》ねられていました。いたらいいけれど、いなければ「排除の濃縮」

が進むだけです。その意味で、「偶然」に委ねずに、ノウハウとして蓄積しなければなりません。

今は「仮設住宅から復興公営住宅へ」の流れで、予算が切られ、民間支援者が抜けていく過程です。民間も行政も〈再帰的な共同体構築〉のノウハウを早急にとりまとめ、伝承する必要があります。それが「被災地の姿は、将来の自分たちの姿」を回避する道だからです。

でも、実際には、こうした問題意識を持つ人は民間にも行政にもほとんどいません。そうした状態で「皆が復興公営住宅に転居し、被災地は立ち直った」という話になりつつあります。これを放置すれば、「被災地の姿は、将来の自分たちの姿」になるしかありません。

除染土処理の「中間貯蔵施設」建設計画はすでに破綻している⁉

東日本大震災による福島原発事故で出た除染土（除染で出た汚染土）など
高濃度の放射性廃棄物が福島県内の仮置き場に保管されています。
政府は大熊町と双葉町にまたがる「中間貯蔵施設」建設予定地への除染土の搬入を始めました。
その面積は羽田空港に匹敵する16平方キロメートルにも及び、
保管量は東京ドーム18杯分に相当する約2200万立方メートルとされています。
そして除染土は30年以内に県外で最終処分される計画になっています。
ただ、「中間貯蔵施設」の建設に関しては、用地取得に難航していて、
完成の予定すら見えていない、という現実も聞こえてきています。
宮台さん、この先行き不透明な「中間貯蔵施設」建設計画、
そもそもいったい何が問題で、今後どうなっていくのでしょうか？

使用済み核燃料における「中間貯蔵施設」の破綻《はたん》

「中間貯蔵施設」という言葉が、もともと何について使われていたか、皆さんは覚えておいでですか？　これは青森県むつ市に設置された「リサイクル燃料備蓄センター」など、原子力発電所の使用済み核燃料の貯蔵施設を指す言葉だったのです。どういうことか。

日本の原子力発電計画には「全量再処理図式」と呼ばれるものがあります。ウラン235を燃やした放射性廃棄物から、プルトニウム239を取り出し、そのプルトニウム239も原発の核燃料として利用するというもの。別名を「プルサーマル計画」と言います。

これは「もんじゅ」のような高速増殖炉のフル稼働を前提とします。高速の中性子を利用して、燃えないウラン238を用いてプルトニウム239を増殖するので、「高速増殖炉」と呼ばれます。放射性廃棄物はこれで全部処理するのだというのが「全量再処理図式」です。

しかし、高速増殖炉の、まだ原型炉に過ぎない「もんじゅ」からして、この20年運転ができていません。それどころか、あまりにも問題が多発し、挙げ句は致命的な火災事故を起こした。今は運転を進める準備ですら、原子力規制委員会に禁止されている始末です。

高速増殖炉は、技術的困難が多く、建設費用がかかる上に、とても危険で、開発中の原子炉で事故が相次いだので、アメリカ、イギリス、ドイツ、フランスなど先進国の全てが開発を諦《あきら》めました。「もんじゅ」も1995年12月ナトリウム漏れの火災事故を起こしました。

つまり、この「全量再処理図式」は実質的に破綻《はたん》しているわけです。破綻しているのに、第2次大戦中の大本営さながら、図式が破綻したことを政府が認めようとせず、「いつか最終処分する」という建前に立ち続け、「中間貯蔵施設」という言い方をまだしているのです。

除染土処理における「中間貯蔵施設」の虚妄《きょもう》

なぜか。理由は、使用済み核燃料の「最終処分場」が見つかるはずもないという「トイレのないマンション」問題の存在を、あたかも存在しないかのように誤魔化《ごまか》すためです。その意味で「中間貯蔵施設」とは、官僚にとってしか意味を持たない「霞が関文学」の典型です。

「全量再処理図式」なるものは「臍《へそ》で茶《ちゃ》を沸《わ》かす」がごとき虚妄《きょもう》です。「中間貯蔵施設」と言いつつ最終処分される当てがないのですからね。今回それと同じことが福島でも起きているのではないか──そう疑うのは、原子力行政の虚妄を知る者にとって完全に合理的です。

今回は、使用済み核燃料ならぬ、放射能を帯びた除染土について、政府が「中間貯蔵施設」という言葉を使う。最終処分場に移すまでの間「一時的に」置かせてくれと言ってきた。原子力行政の虚妄を今でも引きずる政府を、信用できると見做《みな》すべき材料は、ありません。

「霞が関文学」と言いました。「全量再処理図式」も「中間貯蔵施設」も、実質を欠いた単なる言葉遊びです。安倍首相の爆笑ものの「アンダーコントロール」発言と同じです。たとえ嘘でも、言った者勝ち。ゲッベルス［ナチスドイツの宣伝担当大臣。次のような言葉が残されている。「十分に大きな嘘を頻繁《ひんぱん》に繰り返せば、最後には人々はその嘘を信じるだろう」］みたいですが、今回の地権者たちは騙《だま》されていません。

政府の言うことが少しも信用できないので、当然にも地権者が反対し、「中間貯蔵施設」が置かれる大熊町《おおくままち》と双葉町《ふたばまち》での用地取得が難航しています。ちなみに、「中間貯蔵施設」の広さは16平方キロメートルもあります。4キロメートル四方。これは非常に広大です。

こんなに広い場所に「一時貯蔵」したものを、30年で「最終処分場」に移すなどと政府がホザいている。しかし考えてもみて下さい。これだけのものを受け入れる最終処分場を、どこにどうやって作るのですか。最終処分場の用地取得など到底できるはずもありません。

最初からフクイチ周辺を最終処分場にすべきだった

僕にはそのことが分かっていたので、事故直後から次のように発言していました。「双葉町を初めとするフクイチに隣接した地域については、チェルノブイリのように〝何キロ圏内は半永久的に人が入れない場所〟と決めて、そこに最初から最終処分場を建設せよ」と。

ところが、当時は民主党政権でしたが、政権の不人気を恐れてそれが言えなかったのです。〝いつかは戻れるが、今は、日中は入って良いが夕方になったら出て行く「制限区域」とする〟、みたいな、これまた言葉の上だけのお為《ため》ごかしをしてしまったのです。

旧ソ連のウクライナ共和国やベラルーシ共和国でさえできたことです。「でさえ」という言い方は語弊《ごへい》がありますが、結局日本政府は「半永久的に人が入れない場所」ではなく、「いつか戻れる場所」ということにしてしまった。戻れると期待をさせてしまったんです。

放射能のレベル的には30年後に戻れるとしても、他の場所に最終処分場を作れなければ、深刻な原発事故が起こった原発隣接地域に最終処分場を作るしかなくなり、30年後にも戻れなくなる—それは仕方ありません。原発を立地させる以上、そうした責任を引き受ける覚悟をする必要があります。

しかし、政府はここでも、世界に類例のない「原発100%安全神話」を吹聴《ふいちょう》しました。〝「100%安全」と言った以上、追加の安全施設を作るのはおかしい〟となって、フィルタードベント［原発の事故時に原子炉格納容器内の圧力が高まって壊れるのを避けるため、放射性物質を含む蒸気を配管を通して原子炉建屋外に置くタンクへ送る設備］や追加的津波対策が見送られてきた事実もあります。どこもかしこもお為ごかしだらけ。自分たちの頭で考えるのが自治であり、当初から危険を指摘する議論に事欠かなかった以上、政府に騙《だま》されたという物言いを、僕は認めません。今後、原発再稼働に賛成した近隣地域は、深刻な事故の際には直ちに最終処分場になることを引き受けるべきです。

フクイチの地元が「100%安全だと政府に騙されていた」のだとしても、深刻な事故が起こった以上、「中間貯蔵施設」などというお為ごかしはありえないので、直ちにフクイチを中心とする4キロ四方に匹敵する地域を「半永久的に人が入れない場所」とするべきだったのです。

行政官僚制の暴走にブレーキをかけられない日本

ありえないお為ごかしの連発は、民主党政権であれ自民党政権であれ、政権政党の違いには関係がありません。日本の政治が行政官僚らによって引き回されているがゆえの、「今さえよければいい」という無責任の構図です。これが実は戦前戦中から変わらないのです。

僕は麻布中高出身で友人に霞が関官僚が少なくありませんが、彼らを見て推測するに、無責任の構図とは、極東軍事裁判におけるA級戦犯らの証言と同じで、「内心忸怩《じくじ》たる思いはあったものの、今更やめられないと思った、空気には抗《あらが》えなかった」という図柄です。

ジョルジョ・アガンベン流に言えば、「主権（政治家）よりも執行（官僚）が主導権を握る」という、複雑さを増した社会システムではただでさえ生じがちな傾向が、日本では政治家の無能ゆえにブレーキがかからず、取り返しがつかない行政官僚制の暴走を招き寄せます。

他の先進国では意味があるはずの、特定秘密保護法や集団的自衛権をめぐる議論も、愛国をめぐる議論も、首相のヤジに象徴されるような政治家の無能ぶりゆえに、行政官僚制が暴走する「悪い場所」日本においては、「ブレーキのない車」に手を貸すことになりがちです。

思えば、政府事故調の畑村さん〔畑村洋太郎《はたむらようたろう》。政府事故調査委員会の元委員長。東京大学名誉教授。失敗の原因究明・再発防止・知識共有を目指す「失敗学」を提唱〕も、再稼働問題について「政府は何をやっているんだ」と新聞紙上で怒っていました。「ここまでやれば安全」と慢心して再び類似の事態を引き起こすことがないよう、教訓を学ぶことが大切なのに、スルーされているではないか、と。

「絶対安全図式」も「全量再処理図式」も破綻し、使用済み核燃料の「中間貯蔵施設」という虚妄も明らかになったというのに、フクイチの大事故を経た今でも、〝除染土処理の「中間貯蔵施設」を作るけど30年後には撤去します〟などと、見え透いた嘘をつくのには呆《あき》れます。

地権者が信用しないのは当然です。僕が地権者でも絶対信用しません。どうすれば良いか。「中間貯蔵施設」ならぬ最終処分場として、膨大な費用をかけて地権者から土地を買い上げるしかありません。「中間貯蔵」だとさ。はっきり申し上げて究極のお笑いです。この国は大丈夫なのか。

なぜ自民党はテレ朝・NHKの放送番組に突然介入してきたのか

2015年4月に自民党が、テレビ朝日とNHKの幹部を呼び、事情聴取を行ないました。

テレビ朝日については『報道ステーション』で元経済産業省官僚の古賀《こが》茂明《しげあき》さんが菅《すが》義偉《よしひで》官房長官を名指しして、「官邸のみなさんにはものすごいバッシングを受けてきました」などと言って批判したこと。

NHKについては『クローズアップ現代』で「やらせ」が指摘されている問題に関してでした。

聴取の後には、川崎《かわさき》二郎《じろう》・情報通信戦略調査会長が「放送法に照らしてやった」と記者団に述べるなど、あくまで「放送法に基づき、真実が曲げられたかどうかを検証する」という方向性でした。

しかしその放送法をよく読むと、3条で「放送番組は、法律に定める権限に基づく場合でなければ、何人からも干渉され、又は規律されることがない」としており、放送への介入を禁じているように思えます。

宮台さん、この問題の本質はいったいどこにあるのでしょうか?

すべての問題は放送免許制度にある

川崎二郎さんの発言は大笑いですね。「事情聴取」などと言いますが、自民党にはそんなことをする権限は微塵《みじん》もありません。だから、テレビ朝日もＮＨＫも、自民党からの呼びつけを単に突っぱねればいいだけの話。普通ならここで終了。ところが……という話です。

監督官庁は総務省ですから、総務省に呼ばれたら出向かなければいけませんけれども、自民党の言うことなどは無視していればいい。それが先進国標準です。しかし「なぜ日本では無視できないのか」というところに、問題の「そもそも論」が横たわっています。

そもそもの問題の元凶《げんきょう》はどこにあるのか。答え。それは「放送免許制度」にあります。根が深い問題です。出発点は、終戦直後の体制にまで遡《さかのぼ》ります。敗戦後のアメリカ占領下、ＧＨＱの指示によって、電波管理委員会が作られたのですね。

これはアメリカのＦＣＣ（連邦通信委員会）に相当する独立行政委員会で、政治的に中立の立場から放送免許を発行し、放送局を監督する、第三者機関でした。ところが、サンフランシスコ講和条約が成立した1952年に、とんでもないことが起こったのです。ようやく施政権《しせいけん》が日本に戻ってきたのですが、そこで当時の吉田茂《よしだしげる》内閣が、すぐさま電波管理委員会を潰《つぶ》してしまったんですね。これはなぜなのか。はっきりとは分かっていませんが、推測はできます。「アメリカの介在」です。歴史を振り返ってみましょうか。

総動員体制復活を企図したアメリカ

当時のアメリカはマッカーシズム［1950年代にアメリカ合衆国で発生した反共産主義にもとづく社会運動、政治活動］の嵐でした。この嵐が日本に向かっても吹きました。アメリカは日本が共産主義化することを大変に恐れました。中華人民共和国建国から3年後。朝鮮戦争勃発のわずか2年後です。冷戦が非常に深刻化していました。

こうした時代背景において、アメリカが考えた根本的な手立てとは何か。野口悠紀雄《のぐちゆきお》さん風に言えば、日本に「1940年的な総動員体制」［大政翼賛会《たいせいよくさんかい》が成立、その前の国家総動員法なども合わせ、政治・経済など広範囲に国民生活を一括して統制する体制が完成した。経済学者の野口悠紀雄氏は「戦後も継続し、現代日本の問題の根源となっている」と指摘する」の復活を要求する、ということです。一般には、戦犯の公職復帰が筆頭に挙げられますが、それだけじゃない。

例えば、1950年に施行された公職選挙法は、文書図画の頒布《はんぷ》を禁止し（243条）、52年改正では戸別訪問も禁止しましたが（138条）、これは共産党の伸長を恐れたGHQが、戦前戦中の制度を復活させたものなのです。

さて、吉田茂内閣が電波管理委員会を潰してしまった結果、どうなったのか。それが僕たちにとっての問題です。政府が直接テレビ局やラジオ局に免許を与えるという、先進国の中で全く例外的な現行制度が始まり、今に至っているのです。その機能と意味は何か？

威嚇《いかく》的枠組を背景とした、命令なき迎合

政府が直接免許を出すという制度は、潜在的に威嚇《いかく》的な枠組です。命令がなくても放送局が政府に迎合しがちになるからです。政府だけでなく、政権与党を怒らせたら、停波の可能性がある、免許停止の可能性がある、というところまでビビってしまうのです。

放送法の3条は政治的圧力を禁止していますが、政府が直接の免許を発行する潜在的に威嚇的な状況での、今回のような呼びつけは、どこの国から見ても、誰が見ても、完全に政治的な圧力です。何が「放送法に照らして」だ。臍《へそ》で茶《ちゃ》を沸《わ》かすとは、このことです。

このあたりまでは、誰もが思考できなければいけません。さて、ここから先、もう少し大事な問題があります。こうした事態において、政府が加害者で放送局が被害者だとは、実は言えないのです。むしろ、そこにこそ、現行の制度の、根本的な問題があります。

政府による権益保護とのバーター取引

よく知られていることですが、政府に直接の免許発行権限があるということは、免許を発行された放送局の権益を、政府が徹底的に保護してくれるということです。その分だけ、放送局が政府の言いなりになりやすい。潜在的なバーター取引が生じてしまうのです。

具体例。衛星放送（ＢＳ）の枠は非常に限られていました。ところが、限られた枠だというのに、最初に地上派キー局の全てに電波が割り当てられました。他の先進国のような電波オークションは一切なし。まさに放送免許制度を背景とした政府による権益保護です。

新聞社と放送局の「クロスオーナーシップ」［新聞社が放送局を所有する、または放送局が新聞社を所有すること］もそう。他の先進国では直ちに問題となりますが、日本では許容されています。これも、政府に直接の免許発行権限があり、放送局は政府に権益を保護される、ということが背景にあります。直近に実例があります。

バーター取引を示す直近の出来事

こうした政府と放送局の間の、持ちつ持たれつのバーター取引を示す直近の出来事を紹介します。この自民党によるＮＨＫとテレビ朝日幹部の呼びつけについて、大々的に報じていたのは、全国紙の大手新聞社の中では毎日新聞だけです。なぜだか分かりますか？

大手新聞社の中で毎日新聞だけが、放送局を持っていない、あるいは放送局に所有されていないからです。クロスオーナーシップをめぐる問題が露呈した瞬間です。でも国民の多くは気づかないままです。僕がこのことをTBSラジオの『デイ・キャッチ！』で話せるのもTBSが新聞社を持っていないからです。

もう一度確認しましょう。こうした政府と放送局の、権益をめぐる持ちつ持たれつの関係がある限り、政府や与党からの指示がなくても、放送局が自ら進んで政府の意向に沿おうとします。放送免許制度が現行のままである限り、批判をしても事態は変わりません。

その結果、放送法3条が規定するような放送の中立性が、極めて損なわれやすい脆弱《ぜいじゃく》な状態に「元々なっている」のです。安倍首相や自民党の横暴を指摘したい人たちの気持ちもよく分かりますが、それだけでは問題の本質を完全に見誤っていることになります。

国民国家が脆弱になっている

　放送局の中立性が脆弱だということは、立憲政治を掲げる国家として脆弱であることを意味します。立憲政治は、国民が国家を、あるいは市民が政府を、操縦することが基本です。操縦の中核は選挙です。選挙が有効に機能するために、中立公平な報道が必要です。

　中立公平な報道とはどういうことか。ここでも政府や自民党は頓珍漢ですが、中立公平な報道とは「政府の肩を持たない、政府批判が自由だ」ということです。表現の自由も同じで、政治からの自由、つまり政府批判の自由を、もともと意味するものなのです。「首相がメディアに向かって何を発言しても、表現の自由だ」などと噴き出すような無教養を、首相自身が露呈することは、先進的な近代国家を誇りたいのであれば、厳に慎まなければなりません。さもないと、アメリカなどから徹底的にナメられます。既にナメられまくりです。

　アメリカなどの先進国では、放送の中立性とは、政府批判をしないことではなく、(1)

同じ批判の規準を政府以外の全てにも適用すること、(2)時間帯や視聴率など同等の条件を前提とした反論権を保証することです。ただし同等性は放送局にだけ判断権があります。

唯一の根本策は放送免許制度の改正

それに照らせば、日本における自民党的な「放送の中立性」の理解は、安倍首相の「表現の自由」の理解と同じで、恥ずかしいほどのデタラメです。しかし、既に述べたように、自民党を批判したところで仕方がない。なぜなら、元凶は、放送免許制度にあるからです。

電波管理委員会を潰した吉田茂を批判しましょうか(笑)。いや、それなら先に述べた理由でアメリカを批判しなきゃいけないか(笑)。いずれにせよ、政府と放送局のバーター取引を断ち切らなければ、いつまでたっても似たような問題は起こり続けるでしょう。畢竟《ひっきょう》、解決策としては、他の先進国のように、アメリカのFCCに相当する独立行政委員会を作り、中立性を担保した立場から、放送免許の発行ならびに放送局の監督をするようにする他ありません。これが放送法の精神を生かす唯一の道であるのは明々白々なり！

憲法学の大家・奥平康弘先生から学んだ「憲法とは何か」について

日本を代表する憲法学の大家で東大名誉教授の奥平《おくだいら》康弘《やすひろ》先生が、
２０１５年１月に急性心筋梗塞で亡くなりました。85歳でした。
１９２９年、北海道函館市生まれ。東京大学法学部出身で、
１９７３年から88年まで東大の社会科学研究所で、
そして90年から97年までは国際基督教大学（ＩＣＵ）で教授を務めました。
70年代はじめに、情報公開法のモデルとなった米国の情報自由法を日本で紹介し、
「知る権利」が基礎にあることを指摘しました。
また表現の自由はなぜ手厚く保障されなくてはならないのかという問題を追究し、
理論的な基礎を築きました。
さらに、憲法研究者の立場から「九条の会」の呼びかけ人の一人となり、
改憲の動きに警鐘《けいしょう》を鳴らし続けたと言われています。
宮台さん、奥平先生から学ぶ「憲法の本質」を教えて下さい！

「敗戦をどのように受け止めたのか」

奥平先生は、函館市生まれで、東大法学部を卒業し、東大の社会科学研究所の教授を経て、国際基督教大学の教授になられ、２００４年設立の「九条の会」の呼び掛け人にも名を連ねておられる「表現の自由」の権威で、日本を代表する憲法学の大家です。

僕は、奥平先生と一緒に、２００２年に『憲法対論〜転換期を生きぬく力』（平凡社新書）という共著を出させていただいています。これはかなり売れた本でして、今でも時々、インターネットなどで話題になっています。とてもありがたいことです。

僕と奥平先生の年齢差がちょうど30歳です。奥平先生は１９２９年生まれ。敗戦時には16歳で、僕の父が17歳。「少国民世代」「敗戦時に今の小学生にあたる年齢だった人たちを指す」の少し上です。ちなみに僕の母が敗戦時に10歳で、僕のお師匠・小室直樹《こむろなおき》先生が12歳。「少国民世代」にあたります。

したがって、当たり前のことだけれど、この世代の方々の多くに現に共通しているように、「敗戦をどのように受け止めたのか」ということが、奥平先生の学者としての方向性を定めた部分が大きいのですね。

奥平先生は「8・15革命説」「8月革命説とも。ポツダム宣言受諾により天皇から国民に主権が移ったことを「革命」とみなし、日本国憲法は新たな主権者である国民が制定したと考える説。ただし宮台はこれを支持せず、日本国憲法は大日本帝国憲法の改正条項に基づき天皇が改正した欽定憲法だと考えるが、ここでは深入りしない」で有名な宮澤俊義《みやざわとしよし》さんという憲法学者の弟子で、かつキリスト教の有名な牧師さんの息子だった鵜飼信成《うかいのぶしげ》という憲法学者の弟子でもあられて、憲法学の泰斗《たいと》から憲法学を学んだという、憲法学者でも珍しい経歴。まさに本物です。

憲法学は机上の空論なのか

憲法学は、日本では陽が当たらないのです。刑法学とか民法学とかだと、法実務の世界があるでしょ？　でも、憲法学にはないということで、日本では「机上の空論にいそしむ人たち」というイメージがあり、どんどんそうなってきた。まさに法文化の貧困です。

それどころか、奥平先生の訃報《ふほう》を知った頭の弱い人たちが、2ちゃんとかで「祝！」とか書いている。奥平先生が亡くなったことについて「祝！」とか書いているわけ。まあ、これは憲法学が分かっていないという以前に〈感情の劣化〉ですがね。恥を知れ！

そんな現状の「お笑い日本」だけれど、僕たち1950年代後半生まれの世代が若い頃は、奥平先生だけじゃなくて、敗戦を正面から受け止めて、戦後日本をどうしようかと考えた大先生たちが、本当に素晴らしい法学説を、眼前で展開しておられたのです。

例えば、民法学の我妻榮《わがつまさかえ》先生。刑法学の団藤重光《だんどうしげみつ》先生。それに奥平先生。我妻先生は世代的に無理だったけど、団藤先生や奥平先生は僕が実際に授業を聞く機会がありました。僕はそんな世代で、若い頃には「憲法学は机上の空論」みたいな話はありませんでした。

法学だけじゃない。僕のお師匠の小室直樹先生や、小室直樹先生が師事された丸山眞男先生を含めて、1980年までに活躍しておられた大先生の方々には、どういう風に戦争を受け止めたのかについて、共通のフォーマットがあったと僕は感じています。

日本の敗戦は、きっかけの一つにもなった東京大空襲［10万人死亡］や2回の原爆投下［21万人死亡、後遺症のぞく］を含めて、むろん悲劇です。「こうして悲劇を繰り返さないために必要なこと、それは近代を徹底的に学ぶことだ」。これが共通のフォーマットです。

小室直樹先生は、天皇主義の極右で過激だったから、「今度戦争をしたときにはアメリカに絶対勝つ！　そのためにはアメリカよりもアメリカを知れ！」と語っておられた。むろん岡倉天心《おかくらてんしん》からの弟子への訓示［アメリカ社交界でモテた天心は、アメリカ滞在中は羽織袴《はおりばかま》で通したが、弟子に対し「アメリカ人よりもアメリカを知ってからにせよ、さもないと土人扱いされるだけ」と述べた］のモジリですが、先生は真顔で僕におっしゃった。

奥平憲法学の核心とは「表現の自由」

奥平先生はそこまではおっしゃらないけれど、考え方のフォーマットとしては、愚昧さゆえに戦争に踏み出すことがないように「アメリカを知れ！」「近代を知れ！」「そのためには憲法を知れ！」、という風に問題を立てた愛国者だと、僕は考えます。

そういう風に、敗戦を「近代についての学び」に結びつけて受けとめたスゴイ先輩たちの、共通する思考フォーマットを踏まえた上で、奥平先生が築き上げた憲法学とはどんなものだったのか、奥平先生に学ぶ「憲法学の本当の常識」をお話しします。まず、奥平先生を理解するための前提があります。法と道徳の関係です。近代憲法には「法と道徳の分離」といって、道徳については法で規定せず、市井《しせい》の人々が互いに「あなたは道徳的に間違ってるよ」と言い合えばいい、という原則があります。

なのに、道徳─性道徳が典型ですが─を法に書き込もうとする浅ましい輩だらけ。共著の『憲法対論』で分厚く議論したけど、浅ましさは、自分の思い通りに人を操縦したがる点にある。だったら法を頼らず自分で言え！　そのための表現の自由だろ！

法は道徳じゃない。法は、殺すな、盗むなとか、車は左側通行とか、それがないと社会生活が成り立たない最低限のプラットフォームと権能付与に関わる。人によって異なる道徳的な価値観を、法に書き込むなど、多様性を旨とする近代国家じゃありえねえぞ！

それを踏まえて、奥平憲法学の核心「表現の自由」です。憲法で最も大切なのは、合衆国憲法で言えば、修正第1条「思想、表現、信仰の自由」。実際、大半の近代憲法は冒頭がこれ。奥平先生が「表現の自由」を専門にされたのは、まさに憲法の中核だからなのです。

「市民から統治権力に対する命令」が憲法

なぜ「表現の自由」が全ての中核か、分かりますか？　僕は「鍵のかかった箱の中の鍵」問題と呼びますが、「表現の自由」が制約されていると、どんな表現を制約されたかさえ表現できなくなるので、僕たちは何が制約されたのかが分からなくなるからです。

例えば、特定秘密保護法を考えましょう。先進各国にも似た法律がありますが、秘密保護期間についての25年ルールや30年ルールがあって、ルールの適用除外を政治家や官僚が勝手に決められないようになっています。日本ではこれが不十分だから恐ろしいのです。

隠された文書の、所在を永久に言ってはいけないのでは、僕たちは文書の所在を知りようがありません。その結果、社会の実態、とりわけ政治や行政の実態を知らないまま、思い込みを修正されずに、政治体制とそれを支える党派を是認し、「悲劇」が訪れます。「法やそれに基づく行政が、憲法の枠内にあるかどうか」を、たとえ事後的にではあれ、人々が適切に判断できるためにも、「表現の自由」がまず第一です。さて、今「法やそれに基づく行政が、憲法の枠内にあるかどうか」と言いました。これが「憲法とは何か」に直結します。

実際、奥平先生の憲法学がとりわけ強調するのが「憲法とは何か」なのです。共著の『憲法対論』でも「憲法とは何か」を分厚く語っていただきました。日本では「非常識」な人が多いので、「法律の一番偉いのが憲法だ」などと思っていますが、ありえません。

法律の名宛人は市民です。だから法律は「市民に対する命令」として機能します。対照的に、憲法の名宛人は統治権力です。だから「統治権力に対する命令」として機能します。分かりやすく言えば「市民から統治権力に対する命令」として機能するべきものが憲法なのです。

「表現の自由」と「知る権利」

歴史的に言うと、横暴な王政による「悲劇を共有」した人たちによる「統治権力はこういう枠内で作動しないと困る」という覚え書が、憲法です。人々が思い出せるなら、わざわざ書かなくてもいい。だから、イギリスは立憲政治だけど、成文憲法がないのです。

関連して、憲法が法律と違うのは、統治権力が覚え書の枠内にあるかどうかを絶えずチェックする営みが存在するべき点。覚え書に書かれていても、チェックの営みがなければ立憲政治じゃない。書かれてなくても、チェックする営みがあれば立憲政治なのです。

大事なので、もう一度申しましょう。「統治権力に対する市民からの命令」として機能しないものは、近代憲法じゃない。では、その市民からの命令によって、市民による統治権力のコントロールが適切になされるために、いちばん必要なものは何でしょう？

復習ですね。そう。「表現の自由」です。我々は情報を十分に知らなければいけません。統治権力よりも知らなければいけません。だから「表現の自由」があって、それに実質を与えるためにディスクロージャー（情報公開）の必要（知る権利）もあるわけです。奥平先生も重視しておられました。

なぜ自民党憲法草案は爆笑ものなのか

さて、こういう憲法学の「常識」が分かっているかどうかを測る「ものさし」となる、実に面白いツールがあります。自民党憲法草案です。これを読んだ瞬間に爆笑できるかどうかです。この爆笑ぶりは、憲法学を超えて人文社会科学系の専門家界隈で話題です。

安倍首相だけでなく、憲法草案の作成に関わった片山さつきのような政治家たちが、「政府を縛《しば》る憲法は、王権時代のもの」とマジ顔で語っている。統治権力が非成文であれ憲法で縛られているのが、イギリスの立憲君主制だけど、イギリスが王権かよ。大丈夫か？

東大の法学部を出て、政治家になった。場合によっては官僚を経由して、政治家になった。そんな人たちが、憲法草案の作成に関わっているのに、これまで述べてきたような憲法の「常識」つまり、立憲史と基本原則について、事実上知らない。恐るべきかな。

王権の時代、例えば近代に直近の絶対王政の時代に、統治権力つまり王が名宛人であるような、王が合意した覚え書なんてあったか？　王権の「悲劇」を繰り返さないことを誓う近代の民主主義社会だから、統治権力を制約する憲法があるんだよ！　小学生からやり直せ！

憲法９条を前提とした合理主義の立場

最後にもう一つ。奥平先生を語る上で、どうしても欠かせないのが、憲法９条の問題です。御存じのように「九条の会」呼びかけ人の一人でした。奥平先生の議論は明確で、情緒的なものではない。きわめて合理的な観点から９条の必要性を語っておられた。

僕自身は若い時分から、「軽武装・対米従属を脱して、重武装・対米中立を目指す」という観点ゆえに「将来は９条改正をするべきだ」との一貫した立場です。むろん憲法の何たるかを弁えない政治家が跋扈《ばっこ》する今の状況では、時期尚早なのは言うまでもない。

しかし僕のような立場─小室先生や最近の小林節《こばやしせつ》先生の立場ですが─の存在を熟知した上でなおも、理想論としてでなく実践論として憲法９条を前提とすべきだとする、合理主義の立場がありえます。そうした奥平先生の立場を最大限尊重したいです。

この問題を話すと大変長くなりますし、自衛隊の海外派遣などをめぐり憲法９条の問題が今後激しく動いていくことも考えられますので、今回はお預けということで、また時が来ましたら、まとめてお話しいたしましょう。

広島・長崎原爆投下から70年と川内原発再稼働の偶然性とは

今から70年前の１９４５年に、世界で初めてアメリカによって
原子力爆弾が広島と長崎に投下されました。その後も、１９５４年３月１日、
アメリカの水爆実験に巻き込まれて被曝《ひばく》した、第五福竜丸の事件がありました。
そして２０１１年３月11日に発生した東日本大震災は、
東京電力福島第一原発の事故を引き起こし、
大規模な放射性物質による汚染は４年経った今でさえも、解決の目処《めど》すら立っていません。
一方、戦後70年と歩調を合わせるかのように、今年２０１５年の８月に
鹿児島県の九州電力川内《せんだい》原発が再稼働され、９月には営業運転が始まる予定とされています。
原子力規制委員会が定めた新規制基準のもとでは、初めてのケースとなります
(8月21日に復水器にある配管の一部から海水が漏れるトラブルが発生した)。
宮台さん、この原爆投下70年と原発再稼働の奇妙な一致を
どのように考えたら良いのでしょうか?

3回の被曝国がなぜ原発建設へ

1945年8月の敗戦間際に、日本は2つの原爆によって年内だけで21万人以上の民間人が殺されました。アメリカによって殺されたのです。その後、1954年3月にはアメリカによるビキニ環礁での水爆実験で第五福竜丸が被曝をして、世界的な大事件になりました。

ちなみに、民間人の死者数で覚えておいていただきたいのは、東京大空襲で約10万人がアメリカによって殺されたことと、沖縄の地上戦でも10万人近くもの沖縄出身の民間人がアメリカによって殺されたこと。民間人の死者を数えることはとても重要です。

日本は、福島第一原発の事故以前にアメリカの核兵器で3回も被曝した被曝大国です。「にもかかわらず」と言うか「だからこそ」、日本は原子力平和利用＝原発推進の方向にアクセルを踏み、その結果として福島第一原発事故で4回目の大規模被曝を経験しました。

原爆でも原発でも被曝をしたのは日本だけ。なぜなのか。毎年2つの原爆記念日を迎える8月。本日はそれを話します。3点あります。⑴アメリカはどんな工作をしたか。⑵日本の反対勢力はどう展開したか。⑶日本の推進勢力がアメリカにどう呼応したか。

ちなみに安倍政権は原発再稼働に向けアクセル全開。2015年8月には川内原発が再稼働しました。同時に原発輸出も加速しようとしていて、不正会計で傾いた東芝も経営上は「お荷物」の原発をやめない。なぜだろうと疑問に思う人も多いはず。その疑問にも答えましょう。

原爆と原発との密接な結びつき

「潜在的な核抑止力」という言葉を御存じですか?「いざとなったらすぐ原爆を作れる体制にあることそのものが核抑止力になる」という理屈です。これは石破茂《いしばしげる》さんが福島の原発事故が起こった2011年の年末に堂々表明した持論で、古くは外務省が内部文書に記録しています。

この話は後で振り返りますが、「潜在的な核抑止力」という言葉からだけでも、原発の問題は原水爆の問題と密接に結びついている事実が分かります。さらに原発と原水爆との関係は、核兵器保持国以外の原発利用を査察するＩＡＥＡ（国際原子力機関）の存在にも密接に関わっています。

１９５３年12月8日。この12月8日はもちろん真珠湾攻撃の日ですが、この同じ日に敢《あ》えて行なわれた国連総会でのアイゼンハワー大統領の演説を御存じですか。Atoms for Peace［アイゼンハワー大統領のスピーチは原文で読むことが可能。さらにサイトの右上部には動画へのリンクも。https://www.iaea.org/about/history/atoms-for-peace-speech］、つまり「平和のための原子力」という内容の有名な演説なので、覚えておきましょう。

一口で言えば「アメリカは、原子力の技術を独占するのをやめ、各国に平和利用してもらう」との内容。敗戦必至の日本に原爆を2発も投下した非人道性に対する批判の高まりに、冷戦体制深刻化を背景としつつ対応したものであることが、証言や文書から分かっています。

ただし平和利用を口実とした核兵器の製造を防ぐために、ＩＡＥＡを作るぞ、ということも宣言しています。Atoms for Peace演説がＩＡＥＡのルーツだということです。ところが演説直後の54年3月、ビキニ環礁水爆実験で第五福竜丸が被曝してしまう。

この大事件で国際世論がおおいに盛り上がります。日本でも大々的に報じられて反核世論が圧倒的となります。反米ムードも高まりました。ところが当時は1949年の中華人民共和国成立、50年の朝鮮戦争勃発と、深刻化した冷戦が熱戦になりかかっていた時代。

それゆえに、アメリカは、第五福竜丸事件による反核・反米世論の盛り上がりを共産主義勢力によって利用されるのではないか、共産主義勢力が伸長するのではないか、と、激しく恐れました。これも当時の内部文書によって既に明らかにされているところです。

そこで危惧に対処すべく、第五福竜丸の被曝からわずか1カ月後の1954年4月にワシントンは、日本に原発を建設させることを前提として、原子力平和利用に関する博覧会を開く計画を立案。55年11月から2年弱、全国11都市で原子力平和利用博覧会が開催されます。

被爆地の広島でも開かれて11万人が来場しましたが、全国では260万人にも及びました。アメリカの原子力委員会は報告書にこう記しています。「日本人の原子力エネルギーへの態度をめざましく変えた。大統領の平和利用構想にこれほど好意的な国が他にあろうか」。

日本の反核・反米世論を押さえ込むための、原発建設を見据えた原子力平和利用博覧会は、大成功に終わりました。そして、博覧会の終了直後にあたる1957年8月に、日本で最初の原子力発電所にあたるアメリカ製の実験炉が東海村で稼働した、というわけです。

原子力の夢に満ちた子供時代

ちなみに1956年から順次28巻刊行された小学館の学習図鑑シリーズがあります。そのうち56年11月に配本された「⑨交通の図鑑」が手元にあります。原子力平和利用博覧会の開催期間中のど真ん中に出された図鑑を見ると、当時の雰囲気が手にとるように分かります。

図鑑を開くと、最初の見開きが「未来の交通Ｉ」で飛行場の場面。離陸中の「原子力大型旅客機」が大きく描かれています。その背後には駐機中の「原子力小型旅客機」が見えます。どちらも『サンダーバード』のファイヤーフラッシュ号を髣髴《ほうふつ》させるデザインです。

次の見開きが「未来の交通Ⅱ」で港湾施設と近くを走る高速道路の場面。超大型の「原子力渡洋船」と、中型の「高速原子力旅客船」、ホバークラフトの「原子力飛行艇」、浮上中の「原子力潜水艦」が描かれ、上空で「原子力飛行機」が着陸態勢に入っています。

さらに次の見開きが「宇宙旅行」で土星を背景にした場面。「太陽光線を利用して飛ぶイオンロケット」には「原子力燃料（セシウム）」と記され、さらに背後に「原子力で飛ぶ原子力ロケット」が2機描かれています。つまり冒頭の数頁は原子力ビークルだらけです。

僕は幼稚園に入った1963年に学習図鑑シリーズを全巻買い与えられました。最も印象に残っているのが、原子力の夢に満ちた「⑨交通の図鑑」。小学校にあがった僕は原子力マニアになり、卒業文集に「将来はスペースコロニーで原子力を研究する」と書きました。

思えば、これぞまさに、原子力平和利用博覧会が狙っていた波及効果でした。1959年に生まれた僕は、1960年代を通じて「⑨交通の図鑑」のような原子力の夢オンパレードの情報に囲まれて育ち、原子力研究者になろうと決め、ディープなSFマニアになりました。

反対勢力の内部抗争による分裂

ここまで、冷戦体制の深刻化を背景とした、アメリカの核兵器による3回の被曝がもたらした反核・反米世論に関する対日世論工作としての、原発建設を見据えた原子力平和利用博覧会の開催と現実の原発稼働までの歴史をお話ししました。完全に暗記しましょう。

続いては、反対勢力のお話です。復習いたしますと、1954年3月にビキニ環礁での第五福竜丸の被曝事件があり、その翌月からアメリカが原発建設を前提とした原子力平和利用博覧会の開催に向けたアクセルを全開にしたことを、説明したところでしたよね。

1955年11月からの原子力平和利用博覧会開催に向けた準備が進む中、反対勢力は同年8月に「原水爆禁止世界大会」を開きます。大会に向けて集まった署名が何と3000万超。翌9月には署名活動の実行委員会が母体となり、全国組織の日本原水協［原水爆禁止日本協議会］が結成されます。

アメリカが恐れたのはこの種の動きで、それに対抗するべく、翌々月から開催される全国11都市での原子力平和利用博覧会を予定したのです。11都市以外にも小さな町で小規模な展覧会が多数開かれました。これらに刺激を受けて原子力工学を志した人が多数います。

そんな中、やがて反対勢力が分裂する。問題は社会主義勢力の核実験、具体的にはソ連の核実験を容認するか否か。共産党系主流派は「共産主義者は核を持っていい」「ソ連の核実験はアメリカによる世界支配・侵略に対する防衛のためのものだ」と主張しました。

振り返ればあまりに愚昧な主張ですが、これがきっかけで組織が瓦解《がかい》してしまいます。長い内部抗争の結果、63年には日本原水協が、主流派だった共産党系の原水協と、非主流派だった社会党系の原水禁に分裂したのです。これで反対勢力は一気に弱体化しました。

僕の価値観を話します。元赤軍派議長の塩見孝也《しおみたかや》さんが20年の刑期を満了して出獄した後、二人でトークイベントをしました。20年以上前のことです。あなたの部下たちが大勢の人殺しをしたが、そのことに関する思想的な誤りをどう総括するか、と尋ねました。

塩見さんは「当時信じた共産主義思想は非人間的だった。今は人間的な共産主義思想の持ち主だ。正しい思想だから間違いは繰り返さない」と答えました。僕は思わず激昂《げっこう》して「正しい思想だから間違えないなんて考えるから、また人を殺すんだよ！」と怒鳴りました。

雨降って地固まる。中森明夫《なかもりあきお》さんとの出会いも園子温《そのしおん》さんとの出会いも喧嘩《けんか》でしたが、その後とても仲良くなりました。塩見さんとも仲良くなりました。深夜に電話を掛けてくるようになって、一年過ぎると「共産主義を捨てて縄文主義者になった」とおっしゃいました。

ことほどさように、「正しい思想だから間違えない」などという発想は僕にとってはありえません。だからそうした発言を聞いた0・1秒後には激昂していました。「共産主義勢力は核兵器を持って良い」は、「正しい思想だから間違えない」という愚昧の典型例です。

国内推進勢力はアメリカと呼応

最後は日本側推進勢力の話です。第一に、中曽根康弘《なかそねやすひろ》などの政治的な勢力は冒頭に話した「原爆のための原発」。第二に、原子力平和利用博覧会の影響を受けた科学者たちは「贖罪《しょくざい》のための原子力平和利用」。第三に、パンピーは「国力回復の象徴としての原発」。

ざっとした理念型の整理です。第二や第三に類型化される政治家もいたし、第一や第三に類型化される科学者もいたし、第一や第二に類型化されるパンピーもいました。しかし細かいことはどうでもいい。この3つの類型が存在したことだけを覚えておきましょう。

「原爆のための原発」「語呂合わせのために原水爆を原爆に置き換えています」の図式は、核不拡散条約（NPT）調印直前の1969年、外務省内部文書に「核兵器製造のポテンシャル（潜在能力）は常に保持する」という形で、行政文書として初めて登場します。

外務官僚が核戦略を思い付きで記すことはありません。政権中枢にそうした思考が長期に安定して存在していたことを示します。それを証するかのごとく、福島第一原発事故の後に自民党の石破茂《いしばしげる》が「原発維持が核の潜在的抑止力になる」とテレビと雑誌で表明したことを先ほどお話ししました。

54年3月に第五福竜丸が被曝しましたが、その直後に中曽根康弘が国会に初めて原子力予算案を上程。翌4月に235億円（当時）に及ぶ膨大な利権「原子炉築造のための基礎研究費及び調査費」がもたらされます。彼と連携したのが、原子力委員会の初代委員長・正力松太郎《しょうりきまつたろう》。

再確認すると、第五福竜丸被曝が54年3月で、翌4月にアメリカが国家安全保障会議で日本での原子力平和利用博覧会の開催を決めます。博覧会は55年11月から57年8月まで。55年12月に成立した原子力基本法に基づき、56年1月に設置されたのが原子力委員会です。

原子力委員会の初代委員長が読売新聞社主・正力松太郎で、読売は原子力平和利用博覧会の主催者にも名を連ねます。53年のAtoms for Peace演説から博覧会終了&国内初原子炉稼働の57年8月までの動きだけでも、アメリカと国内推進勢力の連携ぶりが瞭然です。

この連携が国内の有力反対者を取り除く過程を原子力委員会に見出せます。ノーベル賞を受賞した物理学者の湯川秀樹《ゆかわひでき》や同じく物理学者の藤岡由夫《ふじおかよしお》は当初原子力委員会の委員でしたが、正力委員長が原発早期建設を既定路線としたことに抗議して湯川が脱会しました。

識者や学識経験者を据えた原子力関連の委員会が、政治的に確定済みである既定路線の「提灯《ちょうちん》持ち」としての機能しか与えられない、という今日まで続く反民主主義的なデタラメぶりが、1956年に成立した原子力委員会から当たり前のように横行していたわけです。

原発問題を単なるエネルギー問題だと捉える向きが今でもあるので、今回は「アメリカの工作」「反対勢力の分裂」「アメリカに連動する推進勢力」という3要因の絡み合いの中で「原爆のための原発」図式が維持されてきたことを歴史を振り返って確認しました。

今回、広島・長崎70年と九州電力川内原発の再稼働が重なったのは、偶然でしょう。しかし「原爆を2度も投下されたからこそ、アメリカの介入もあって、原発推進を今でもやめられない」というオソマツな構図が、原爆記念日と原発再稼働の重なりの背後にあります。

日本の伝統的なイルカ追い込み漁は、なぜ国際的に批判され続けるのか

和歌山県太地町《たいじちょう》ではイルカや小型クジラの追い込み漁が毎年行なわれています。
追い込み漁については以前から欧米の根強い批判があり、
ドキュメンタリー映画『ザ・コーヴ』をきっかけに、さらに国際的な非難が高まりました。
2015年5月には、世界動物園水族館協会から「残酷」との警告を受け、
日本動物園水族館協会が追い込み漁で捕獲したイルカの入手禁止を決定。多くの水族館は
従ったものの、太地町立「くじらの博物館」は「入手を続ける」とし、協会を退会しています。
また、追い込み漁開始直後には、海外からの過激な抗議勢力が太地町のホームページを
ハックした疑いがもたれました。イルカ追い込み漁を行なっている国は、
デンマークなど海外にも存在しています。またアザラシなどを捕まえるのに、
似たような手法の漁がカナダやアメリカの北部でも行なわれているのも事実です。
それなのに、日本の伝統的な漁であるイルカ追い込み漁ばかりが、
なぜここまで国際的に批判されるのでしょうか？

日本の伝統ならぬ太地町の伝統

「日本の伝統」という言い方がよくありません。「日本の」といってはダメ。「この地域の伝統」ならばいい。「日本の」と言うと日本全体にそうしたような伝統があるかのように聞こえてしまう。それはあり得ない。もともと多様な地域性があるからです。

実際日本には山間部も多い。また、イルカが来ない海岸が大半です。だから「日本の」はダメ。皆さんは一切の捕鯨禁止ということで国際的合意がなされているとお思いかもしれないけれど、実は捕鯨反対を強く主張するアメリカで、途切れなく捕鯨が行なわれてきました。

それは、エスキモー――カナダではイヌイットと呼ぶルールですが――の人たちです。アメリカのアラスカ州だけでなく、お隣のカナダ北部にもいます。ローカルな昔からの伝統を守ってきたローカルな人たちは捕鯨をしていい、という話になっているからです。

こういうローカルな昔からの伝統を守るならばOKという文脈に混ぜてくれと言えばいい。国際標準で扱ってくれと。ところが日本ではそれを潰す方向で政府がこれまで動いてきました。日本政府が「日本の伝統だ」と言って巨大な捕鯨船団を擁護してきました。

元は太平洋岸や長州から九州北部で近海捕鯨のローカルな伝統が継承されてきたのを、日清戦争の後から政府がノルウェー式遠洋捕鯨を後押しし、昭和期に下関の共同漁業（後のニッスイ）や林兼商店《はやしかね》（後のマルハ）がそれを南極の母船式遠洋捕鯨へと展開したのです。

悪玉の日本政府を切り離す必要

熊野の太地町は近海捕鯨のローカルな伝統を継承してきた場所の一つで、戦国時代には既に多人数を擁《よう》する鯨組を組織していました。こうした近海の伝統捕鯨と遠洋の近代捕鯨を区別せずに「捕鯨は日本の伝統だ」といった言い方で擁護することはできません。

実際、南氷洋《なんぴょうよう》の捕鯨船は昭和以降のものに過ぎないのに、日本政府が主体となって「捕鯨は日本の伝統だ」と南氷洋で調査捕鯨をする。これは日本が国家として明治以来奨励してきた近代捕鯨で、これをエスキモーが継承する伝統と並べるのは到底無理な話です。

エスキモーが継承してきた捕鯨の伝統が、カナダ国家やアメリカ国家が主体であるかのように語られることはありません。それと同じように、太地町が継承してきた捕鯨の伝統も、日本国家が主体であるかのように語られてしまう文脈を、外していくべきです。

でも、「マル激」［マル激トーク・オン・ディマンド（通称マル激）。「ビデオニュース・ドットコム」の開局以来、ジャーナリストの神保哲生と宮台真司が送る、ネットのニュース解説動画配信番組］でも扱ってきたように、年間漁獲高が100万トンだったニシンが年間4000トンまで減っても、年間1万トン獲れてたイカナゴが年間1トンに減っても、漁獲量制限魚種に指定してこなかったのも日本政府です。

日本政府はABC［Acceptable Biological Catch 科学者が算出した漁獲上限］を超えるTAC［Total Allowable Catch 政府が決めた漁獲上限］を放置してきています。2012年段階だとスケトウダラやマイワシやズワイガニがそう。資源枯渇《こかつ》が危惧されるクロマグロやウナギについても日本政府は漁獲削減に消極的です。

理由は、農水省の官僚が漁業関係者の既得権益にさわりたがらないからです。でも既得権益の持続可能性を考えたら愚かです。「将来にわたって魚が安定して獲れるようにするには必要だ」と説得して漁獲を制限、それで資源を回復させた実績を作るべきです。

漁業の行政において日本政府が悪玉になるような事態を回避するべきなのに、実際には反対向きです。本来なら日本政府がイニシアチブをとるべきなのに、遠洋漁業にはるばる出かけて世界のクロマグロの大半を漁獲する体制を、日本政府が放置してきました。

これでは、「海洋資源の扱いについて日本政府は全く信用できない」という国際世論が生じて定着してしまうのも仕方ありません。そうした文脈だから、日本政府がしゃしゃり出て「日本の伝統」を語っても、単なるエゴイズムだと受け取られてしまうのです。

そうした日本政府の愚挙のせいで、ローカルな昔ながらの伝統を守るという文脈で理解されるべき太地町のイルカ漁が、残念ながら日本政府に対する悪感情ゆえの生贄《いけにえ》にされてしまっている、というような理解をすると、問題の本質を適切につかまえられます。

エスキモーと同等な扱いを要求

それと、日本人がどうも自分たちを「小さな島国」だと思いこんでいる節があるのも、気になる。しかし実際には、中国に抜かれたとはいえGDPはいまだ世界第三位。人口は1億2千万人以上。こんなに人が住む国は、独仏を含めて、ヨーロッパにはありません。

ものすごい巨大国家である日本で、人々が回転寿司やスーパーのパックでマグロを食べまくる。この巨大システムが海外から問題視されています。それを「日本の伝統」という概念で擁護していては、「ミソとクソを一緒にしている」嫌疑《けんぎ》がかけられてしまいます。

日本がやるべきことは第一に、国際標準の漁業資源管理を行ない、日本のパブリックイメージを変えること。第二に、日本政府として調査捕鯨をやるなどという愚挙をやめ、これまでの日本のパブリックイメージをさらに変えること。それがないと何をやってもずっと無駄です。

それらをちゃんとやった上で、政府も民間も、内外に「イルカ追い込み漁は、太地町などの数カ所が育んできた、ローカルな昔ながらの伝統的な漁法だ」と発信するのです。ただし、繰り返すと「日本が」でなく「太地町などが」が主語にならなければならない。

そう主張することで、アメリカやカナダのエスキモーたちと、太地町を同じ扱いをしてくれと、egalitarianism＝平等主義を主張していくのです。平等主義こそ近代主義の中核ですから、これに正当性のある反論ができるということは、そうそうありません。

そもそも近代における伝統とは

ただ、それだけでは不十分でしょう。エスキモーの人たちと違って、太地町の人たちが今では、国内はもとより、他の近代国家の人たちと同じ、近代的な生活を送っているからです。そこで「近代社会において、伝統とは何か」を理解しなければなりません。

僕たちはよく「伝統だから擁護しろ」「伝統もほどほどにしてくれ」という議論をしますが、単純すぎるのでやめた方がよいでしょう。社会思想家カール・マンハイム［1893〜1947、ハンガリー出身。知識社会学の提唱者］が、早くも戦間期に、伝統が失われたときにこそ伝統主義が出てくるのだ、と喝破しています。

この種の議論を、マンハイムに続くヨアヒム・リッター［1903〜1974、ドイツの哲学者］が「埋め合わせ理論」として洗練しました。それに従えば、共同体が空洞化したときにこそ再帰的（反省的）に共同体主義が出現、自然が破壊されたときにこそ再帰的（反省的）に自然回帰が出現することになります。

リッターの議論を正確に再現すれば、伝統という概念、共同体という概念、自然という概念自体が、失われたものの埋め合わせであり、近代社会はこうした埋め合わせとして構築された諸概念に充ち満ちています。戦間期から戦後にかけてのドイツ的思想です。

有名なところではハンナ・アーレント［1906～1975、ドイツ出身のユダヤ人で米国に亡命した哲学者、思想家］も似たことを言っています。彼女が『ニューヨーカー』に執筆したアイヒマン裁判の報告記事「イェルサレムのアイヒマン」の文体が、軽薄であることに憤ったゲルショム・ショーレム［1897～1982、ドイツ出身のイスラエルの思想家。ユダヤ神秘主義（カバラ）の世界的権威］が、ユダヤの娘らしくないと批判したときのことです。

アーレントは「私がユダヤの娘であるなら、私の髪の毛からつま先までユダヤ性が刻印されているはずで、ユダヤ的であろうとしなければユダヤ的であり得ないなどという思考は馬鹿げている、だからユダヤ的であれという指南は馬鹿げている」と応答しました。

伝統的であろうとしなければ伝統的でありえない時点で伝統が空洞化している。ユダヤ的であろうとしなければユダヤ的でありえない時点でユダヤ性は空洞化している。同じく日本人であろうとしなければ日本的でありえない時点で日本性は空洞化しています。

「反日的な発言をするオマエは日本人ではない」といったショーレム的発言を繰り返すバカが溢れていますが、ユダヤ人がユダヤを批判する場合も日本人が日本を批判する場合も、ユダヤ人であり日本人であるからに決まっている、というのが基本的な教養です。

伝統の擁護にも合理性が必要だ

この思想史上の教養を踏まえて言えば、昔からの生活を息をするように続けている人は、伝統を守っている自覚がなく、何が伝統なのか気づけません。伝統が崩壊しかかっているから意識的に選ばなければいけない、というところから、伝統主義が出て来ます。

近代に在るのは伝統ではなく伝統主義です。同じことをマンハイムは「保守主義とは再帰的な伝統主義だ」と言います。この場合、マンハイムの言う「保守主義」が僕らが言う「伝統主義」に当たり、「再帰的な伝統主義」が「意識的に選ばれた伝統」に当たります。

マンハイムの言いたいことを、僕らの言葉で言えばこうです。伝統主義（マンハイムの言う「保守主義」）は、空洞化しかかった伝統を意識的に選ぶのだから、合理性がジャッジメント＝審議の対象になっていて、その意味で、近代合理主義の枠内にある──。

マンハイム流の思考に従えば、イルカ追い込み漁をすることについて、単に昔からやってきたからだという言い方では足りない。「伝統を守ることが村の存続にとっていかに重要なのか」というリーズニング＝理路を、それなりに展開する力が必要になります。

太地町は従来にも増してこうした理路を公共的に展開するのがよいでしょう。むろん先に話したように、現在は日本政府の愚策による〈感情の政治〉が国際世論を勝ち得ている状況です。まずは〈感情の政治〉にむしろ火を付ける日本政府を改めさせねばなりません。

その上で、「エスキモーがエスキモーであり続けるにはソレが必要だ」という伝統主義の合理性が先進国で認められている以上、「太地町が太地町であり続けるにはソレが必要だ」という伝統主義の合理性を認めてもらえないなら不公平だとアピールするわけです。

感情の煽りには平等主義で対抗

「この映像を見てみろ、○○を殺して食べるのは残虐だ」といった〈感情の政治〉は例外なく一方的です。国際的に許容されたエスキモーの伝統的なアザラシ猟も、撲殺《ぼくさつ》しているところを見れば残虐な印象で、実際、そういう光景を撮影しようとするNGOもある。

しかし、哺乳類を殺して喰いまくっているのは、日本人よりもむしろアメリカ人です。イルカを殺して食べることが残虐なら、牛や豚や羊を殺して食べることも残虐です。前者の映像を見せて残虐ぶりを告発するなら、後者の映像も見せなければ、不公平です。すると、頭の悪い欧米人の一部が「イルカやクジラは知能があるから守らなければいけない」と主張します。なるほど、動物を知能の高い低いで差別的な扱いをしてもいいのならば、人間を知能の高い低いで差別してもいいんだな、という話になってしまう。

人間だけは知能の高い低いに関係なく平等に扱うべきだ、と御都合主義的に反論しつつ動物を知能で差別し続ける人もいます。でも、知的障害者の扱いをめぐって彼らが心底から平等主義的であることなど、期待できるでしょうか。皆さん、よく考えて下さい。

近代平等主義の暗部に敏感たれ

ここには「包摂は排除を必然的に伴う」という摂理が控えます。「女も男も同じ人間だから差別するな」という告発は、「人間か否かで差別しろ」を含意します。「人間も鯨も知能的動物だから差別するな」という告発は、「知能的動物か否かで差別しろ」を含意します。

言い換えれば、「同じ人間として扱え」「同じ日本人として扱え」……といった一口で言えば〈我々〉に算入せよという要求は、〈我々〉と〈非我々〉を差別しろという要求と等価です。その意味で平等主義が反平等主義と表裏一体であることへの敏感さが必要です。

だから、先ほど、平等主義を主張しろと言いましたが、平等主義にもダークサイドがあります。そういうことまで含めた上で主張していかなければいけないことなのだから、完全なイノセントも完全なギルティもない。もともと白黒二元論的な決着はできません。

話を戻せば、太地町がイルカ追い込み漁を続けるには、太地町だけの戦略では難しい、日本政府がどう見られているかが国際世論を決めるという話をしました。だから政府は調査捕鯨のインチキを直ちにやめ、漁業資源の保全に国際標準の積極性を示すべきです。

その上で、日本政府が、ではなく、太地町が、自分たちが自分たちであり続けるためにソレが重要だ、という理路を展開し、同様な理路を展開してきたエスキモーなどに対する扱いと同じ扱いを要求する、という近代の平等主義を突き付けていくべきなのです。

ただし最後にひっくりかえすようですが、僕が述べてきたのは、太地町に有利な国際世論を形成する戦略に過ぎず、平等主義的な近代がそもそも孕《はら》むダークサイドに対しても敏感でなければなりません。そう。一口で言えば、近代の平等主義は御都合主義です。

平等主義が反平等主義と一体である事実、包摂が排除と一体である事実を、1960年代という早い段階で主張したのがサミール・アミン［1931〜、エジプト出身の新マルクス経済学の経済学者］やアンドレ・グンダー・フランク［1929〜2005、ドイツ出身の新マルクス経済学の経済学者、社会学者］の「従属理論」です。彼らは、先進国内の平等が先進国による低開発国への差別に支えられる事実を明らかにしました。

その意味では、欧米の近代的な価値を、あまり盲目的に信用しないほうがよいのです。

その典型的な一つが平等主義で、欧米近代は、平等というよさげなことを主張することで、平等を支えている差別を御都合主義的に覆い隠してきた、という歴史があります。

そうした指摘を最初に行なったのが明治期から戦間期にかけての日本の亜細亜主義者。大東亜共栄圏構想を支えたとして敗戦後に禁圧されたけど、それはそれ。日本人が尊敬されるには欧米近代の暗部を忘れないことが大切です。深すぎる話なので機会を改めます。

第三章

空洞化する社会で人はどこへ行くのか

中間集団の消失と承認欲求のゆくえ

ＩＳＩＬのような非合法テロ組織に、なぜ世界中から人が集まるのか

ＩＳＩＬ（Islamic State of Iraq and the Levant：イラクとレバントのイスラム国）などの過激派組織に参加した外国人戦闘員の数が2万5千人を超えたとみられることが、国連の調べで分かりました（２０１５年４月現在）。

またその人数は、２０１４年半ばから２０１５年3月までの期間に7割も増えたとされています。

一方、外国人戦闘員の出身国として、チュニジア、モロッコ、フランス、それにロシアが挙げられています。

そして渡航先は、ＩＳＩＬが活動するシリアとイラクでなんと2万人以上を占めているというのです。

宮台さん、明らかに非合法的なテロ組織に世界中から人が集まってしまうのは、いったいなぜなのでしょうか？

ホネットの「第三の承認」の場としてのＩＳＩＬ

昔は、外国からの傭兵《ようへい》というと、アフリカなどによくあることだけれど、お金がなくて、家族を養うために仕方なく働きにいくという話で、フーベルト・ザウパー監督の『ダーウィンの悪夢』（２００４年）が描くような、市場化に組み込まれたがゆえの貧困が専《もっぱ》らの理由でした。

ところが今、状況が違っています。社会思想家アクセル・ホネットの言葉を使えば「承認をめぐる闘争」になりました。チュニジアが典型ですね。この国はアフリカで最も豊かな近代国家なのに、ＩＳＩＬへ参加する人が多いのです。しかも貧困層ばかりではありません。

次のように想像できます。「社会の中で承認されるポジションにつけるはずだったのに、つけなかった」「ポジションについたのに、期待していた承認が得られなかった」人たちが、「承認が得られる代替的な場所」を探し、それがＩＳＩＬだと思い込むのではないか、と。

ホネットは3種類の承認を区別します。第一が「愛による承認」。入替不能な個体として承認され「自己信頼」感情が生まれる。不全が「虐待《ぎゃくたい》」です。第二が「法による承認」。権利と責任を持つ個体として承認され「自己尊重」感情が生まれる。不全が「権利剥奪《はくだつ》」です。

そして第三が「連帯による承認」。共同体にとって貢献的価値を持つ個体として承認され「自己価値」感情が生まれる。不全が「尊厳剥奪」。社会の中で承認されるポジションにつけるはずだったのに……」「承認されるはずのポジションについたのに……」はこれに当たります。

ホネット流に言えば、社会の中に、貢献的価値を持つ個体として承認してくれる共同体がないから、代替的な承認共同体を追い求めて、豊かな先進国の人々が「そこ」に出かけるわけです。「君がいるから我々はここまで頑張れるんだ」と褒《ほ》めてくれる「そこ」に出かける。

〈共同体にとっての価値〉を承認してもらえない

この第三の承認は、第一や第二と違って、単なるアクセプタンス（受容）ではなく、アプルーバル（賞賛）です。自分の〈共同体にとっての価値〉を、肯定してもらうことです。先進国でも――先進国だからこそ――社会が空洞化して、この承認が得にくくなるのです。

ここには、オウム真理教の幹部信者たちと、とてもよく似た構図が見出せます。オウム真理教の幹部信者は、多くが特段の貧困層ではありませんでした。むしろ豊かな中流家庭で、高い教育を受けた人たちが多数存在した、というのは、皆さんも御存じの話でしょう。

僕は1980年前後に自己啓発セミナーに関わっていましたが、驚いたのは、後のオウムと同じく、ピカピカのエリートたちが集まっていたこと。彼らは不全感を抱いていました。でも、オウム信者らがそうだったと上野千鶴子《うえのちづこ》氏が主張する「二流エリート」ではなかった。

そこに見られたのは「目標に到達できなかった」という挫折《ざせつ》感ではなく、専ら「目標に到達したのに自分は輝いていない」という〈こんなはずじゃなかった感〉でした。実際「目標を達成したのに、親以外は自分を褒めてくれない」と思いを語るエリートが目立ちました。

ここには2つの要素があります。第一は、耐久消費財の一巡によって「物の豊かさ」の時代が1970年頃までに終わった結果、多くの人が社会学者ロバート・キング・マートンの言う「目標のアノミー」に陥り、間違った目標を自分の最終目標として掲げる、「目標混乱」が起こったこと。

第二は、目標混乱の背景でもありますが、自分の「共同体にとっての価値」を認めてくれる社会が消えたこと。僕が東大に入った頃は、帰省すると駅で軍楽隊がお出迎えという先輩たちがいました。「錦を飾る故郷」があったのです。今ではそんな地方は残っていません。

代替的な承認チャンスを提供する集団に向かう

せっかく東大や京大や早慶に入ったのに、誰も僕のことを見てくれない。高い教育を受けて社会の中で〈共同体にとっての価値〉を承認してもらえるはずだったのに、得られない。そういう人たちは世俗社会の「外」に〈代替的な承認チャンス〉を探すようになります。

これを宗教社会学では〈代替的な地位達成〉に向かう〈埋め合わせ動機〉として記述してきました。現実社会で（承認が得られる）地位達成がうまくできない人が、宗教教団で代替的な（承認が得られる）地位達成をしようとする動機づけを持つことを言っています。

オウムの幹部信者たちの場合が、まさにその典型でした。他方、ＩＳＩＬに参加しようとする先進国や近代国家の若者たちも、よく似ています。まさにＩＳＩＬこそが、自分の〈共同体にとっての価値〉をめぐる代替的な承認の場だと思い込んでやって来る訳です。

オウムに基本的な洗脳手法を提供した自己啓発セミナーに関わっていたので分かりま

すが、こうした問題が日本でも、80年代には既に顕在化《けんざいか》していました。背後にあったのは、自分の〈共同体にとっての価値〉を承認してくれる家族共同体や地域共同体の空洞化です。

ホネットの議論を待つまでもなく、これはシステム［マニュアルに従って役割を果たす、個人が入替可能な場］が、生活世界［善意と内発性をベースにした、個人が入替不可能な場］をどんどん侵食する成熟した近代社会では、一度は必ず起こることだと考えられます。

資本主義の進化が問題を深刻化させている

僕たちがその解決方法を見つけ出せない間に、今度は、グローバル化による資本移動自由化と、IT化によるホワイトカラーのお払い箱化を背景として、急速な中間層分解による社会の空洞化に直面。人々はますます〈こんなはずじゃなかった感〉に苛《さいな》まれています。

昔だったら故郷に錦を飾るエリートになれたはずの、しかしもはや、それがありえない人たちが、ママに言われて一生懸命頑張って、「いい学校、いい会社、いい人生」的な地位を達成したはずなのに、実際には「なんなんだ、これは？」ということになるのです。

さて、ＩＳＩＬにおける承認欲求の問題に関しては、ちょっと面白い記事があります。インドネシアの英字新聞、ジャカルタポストに掲載された記事です。日本でも産経新聞が紹介したから読んだ方もいらっしゃるでしょう。原文を参照しつつご紹介しましょう。

ＩＳＩＬから戻ってきて逮捕された31歳の男性、アフマド・ジュナエディは、ジャカルタポストのインタビューに答え、「ＩＳＩＬでの生活は、事前の想像とは違っていて、退屈だった、参加する価値はなかった」と語りました。

「シリアでは、1日2時間だけライフルを持って周囲を警備する他は、電気もない家に大人数で押し込まれて、ひたすらコーランを読む毎日だった。〈自分の存在は誰の助けにもならず〉、結局お金もろくにもらえなかった」としています［〈　〉は宮台が付した。http://www.thejakartapost.com/news/２０１５/04/01/is-not-worth-joining-returnee.html］。

カウンターインテリジェンスは大切だが解決策ではない

男性が実際に発言したことが新聞掲載されたのかどうかを横に置くと、明らかにＩＳＩＬの情報宣伝に対するカウンター戦略です。「ＩＳＩＬでもあなたは承認されないよ、誰の助けにもならないよ」と。こういうカウンターインテリジェンスが非常に重要なんです。

それは地下鉄サリン事件直後に僕が『終わりなき日常を生きろ』を出してやろうとしたことです。ただし、重要ではあれ、弥縫策《びほうさく》に留《とど》まり、問題解決にならない。今後も〈共同体にとっての価値〉を承認してもらえない人たちが、代替的な承認チャンスを求めて蠢《うごめ》きます。

ＩＳＩＬがたとえ殲滅《せんめつ》されても次が出てきます。よく言われるように転移性ガンに似て、完治がありえないのです。共同体の消滅と社会の空洞化を放置して、グローバルな資本主義経済が回る限り、ＩＳＩＬ参加のごとき「承認をめぐる闘争」が永続するのは確実です。

そう考えると、ＩＳＩＬが提起する――古くはオウムが提起した――問題は、人体で言えば転移性ガンに比すべき、実に大変なことなのです。日本人が殺された事実はとても痛ましい話ですが、そこだけが問題なのではないことをお分かりいただけたでしょうか。

ドローン少年の逮捕とネット配信に夢中になる人たちの欲望とは

2015年の5月に、東京・浅草神社の「三社祭」で小型無人機「ドローン」を飛ばすとの発言をインターネット上に投稿したとして、15歳の少年が威力業務妨害容疑で逮捕されました。

その少年はこれまでも長野市の善光寺や国会議事堂近くにドローンを持ち込むなどして厳重注意を受けていたようです。「事件の核心について話すつもりはない」と繰り返すなど、詳しい動機は未だに分からないままです。

この少年は以前から、川崎市で中学1年生が殺害された事件現場やその容疑者の少年の家をネット配信するなどして、ネット動画の世界では知られた存在だったということです。

宮台さん、そもそもなぜ彼はこのようなネット動画を配信し、犯行に及んだのでしょうか？

また、自分の日常をネット配信する人が多いのはなぜでしょうか？

犯罪自体よりも予告に意味があるかもしれない

事件のドローン少年は、遠隔操作ウィルス事件［2012年、匿名化ソフトで発信元を隠し、ウイルスに感染させた他人のパソコンを遠隔操作して、無差別襲撃の予告メールを送信した事件のこと。これによって4人が誤認逮捕された］の片山祐輔《かたやまゆうすけ》被告と似たところがあると感じます。単に事件を起こして社会を混乱させたいのではない。一生懸命予告し、予告し、予告する。「予告」というもの自体を、社会に露出し、アピールし続けているわけですよ。

つまり、犯罪そのものよりも、予告に意味があるのかもしれないということです。単に社会に嫌がらせをしたいのではないということ。キーワードはまたしても「承認」です。前回、ＩＳＩＬに入る若者が世界中で増えている話について、承認の問題に触れましたよね。

その際、社会哲学者アクセル・ホネットの議論を使って分かりやすく説明しました。彼によると、承認には三類型あります。第一類型は「愛による承認」です。家族など近隣の人々から固有名を持つ存在として愛されること。主に子供時代に問題になるものです。

第二類型は「権利の承認」。権利を持つ主体としてを認められるということ。そして第三類型が「共同体的価値の承認」。共同体の中で自分が必要とされている、自分の座席があるという感覚を抱けること。昨今の逸脱行動についてはこれが鍵《かぎ》になる場合が多いんです。

それは、これらの承認が得られない場合にどうなるかを考えると分かりやすい。第一類型。幼少期から家族や近隣から個人として愛されない場合、心の病気に結びつきやすい。第二類型。権利を認められずに抑圧されると、攻撃性など性格の偏《かたよ》りに結びつきやすい。

ホネットによる承認三類型の三番目

今回最も重要な第三類型。社会の中で必要とされている、居場所がある、という感覚がない場合、共同体や集団の中で自分のポジションがあるかのような気分を獲得するために、さまざまな奇矯な逸脱行動をしがちです。「僕はスゴイ人間だ！」というヤツですね。

ＩＳＩＬに入るのもそうでしょう。ＩＳＩＬに入って自分が必要とされる感覚を抱きたい。オウム真理教に入るのも同じだったかもしれないと前に言いました。ネトウヨになるのもそういう心境でしょう。謂《い》わば、共同体空洞化を背景とした承認不足に対する足掻《あが》きです。

昨今はグローバル化による中間層分解と、ＩＴ化をも背景としたホワイトカラー凋落《ちょうらく》で、格差と貧困が拡がるだけでなく、集団の中でポジションが与えられる経験が得にくくなりました。だから第三類型の承認不全が起こりやすく、埋め合わせ行動に促されやすい。

承認不全の埋め合わせは、ミッション＆コマンド的なものだったり、愉快犯的なものだったり、目立ちたがり的なものだったり、いろいろとありえます。そこに今風の事情も絡んで、状況がドライブされてしまう。今回のソレはインターネットとお金の関係です。

「投げ銭」です。つまり、ネット動画を見た人が資金を提供してくれるということです。

少年への資金提供は、報道によれば、現金やパソコンなど計100万円にも上っていたとされています。ドローン自体もそうかもしれません。真偽は分かりませんが、確かにありそうです。

細かい事実はどうあれ、皆がもてはやしてくれた上にソレが収入につながる。承認を求める側からすれば「一石二鳥」感覚でしょう。少年はネットでの自己紹介で「夢：配信業で生計を立てる」と言っていた。第三類型に由来する「一石二鳥」感覚を表していますね。

共同体空洞化とネット化を背景とした代替的承認機会の追求

共同体空洞化とネット化は90年代以降入れ違いに進みました。それ以前からの流れもあるので、イメージメイクします。僕は56歳で昭和34年に仙台市に生まれました。敗戦後14年。蒸気機関車が走り、風呂は薪《まき》で焚《た》いた。八百屋もクリーニング屋も御用聞きです。

市内も3階建以上が珍しく空が拡がっていました。社宅では子供らが互いの家を行き交い、ヨソんちで夕飯をよく食べました。隣のおじさんが模型飛行機や竹蜻蛉《たけとんぼ》を作ってくれ、子供がいないおばさんが僕を昼御飯に誘ってくれた。小学生だった1960年代です。

その頃、家に初めて白黒テレビが、やがて車とクーラーが来ました。高学年になると公害や薬害や学園闘争など世間が問題だらけだと知りました。テレビでは勧善懲悪《かんぜんちょうあく》を否定する円谷《つぶらや》プロ初期シリーズ（ウルトラQ以下）が「人間という悪」を主題化していました。

でも「M78星雲」じゃないが、未来になれば進んだ科学文明が問題を解決するだろうと誰もが思っていた。アカルイミライがあったんです。でも70年代に入るとSFの時代が終わってアカルイミライが消え、仮面ライダーに象徴される勧善懲悪への逆行がありました。

円谷プロの旧制作陣に尋ねたら、視聴環境が原因だとのこと。子供向け番組が上質だったのは、茶の間で子供と大人が一緒に見ると想定できたから。やがて単独視聴を前提に子供が一人で見て分かる内容へと番組の質を落とした。引きずられて制作陣が劣化した。

80年代半ば世界初の出会い系、テレクラが誕生する。テレクラ周辺には旦那衆が集合、

「先週○○商店の若奥様と……」と情報共有した。子供会・青年団・老人会の廃止に見られる地域空洞化がテレクラを準備したのですが、旦那衆の所業は匿名化が進んでいなかったからこそのもの。

でも90年代にはテレクラが匿名化して援交の巣になります。地域空洞化で分断され孤立した人は90年代半ばからネットの匿名性に飛びつきます。程なくネットで「つくる会」や「嫌韓厨《けんかんちゅう》」［インターネット上で韓国を嫌う発言をする人で、特に言動が幼稚な者。ヘイトスピーチ的な発言をする者］が人を動員するようになった。今日のネトウヨに連なる流れは1997年頃に端緒があります。

今世紀に入ると、ネットでの情報拡散［プロフサイトなど］を恐れる疑心暗鬼化などで若い世代が腹を割らなくなります。日本性教育協会の調査では高校生や大学生が性的に最もアクティブだったのは90年代後半。今は90年前後の水準に退却してしまいました。

代替的承認機会の追求は暴走しやすい

今は過処分時間の過半がスマホ経由でネットに使われます。共同体空洞化とネット化が90年代以降入れ違いに進んだ結果です。一つ屋根の下の家族が、ネット経由で各々別の世界に繋がり、希薄な家族より少しは親密な関係を、そこに築いていたりするわけです。

そうした時代、リアル社会でポジションがなくて困っている人が、ネットで目立つことで承認を得ようとするのは自然な話。いわば〈ネットでのポジション取り〉ですよね。一番無害なのは、「バン」＝ｂａｎ［禁止令。掲示板などの管理者がアクセス制限をかけること］で有名な、ニコ生における「生主《なまぬし》」［ユーザー生放送の配信者の一般呼称］でしょうか。

最近はレイヤーブームが終わって自撮《じど》りブームです。たとえパンチラ写真やハミチチ写真でも、レイヤー時代と違ってカメコ（カメラ小僧）の男性視線をもはや媒介しない、女の子が女の子の視線だけを意識したゲーム。これも〈ネットでのポジション取り〉ですね。

男性視線を経由しないのに、エロ化しています。警察も注目しているので、やがて介入するでしょう。これはそれでも人畜無害だからいいけど、問題は〈ネットでのポジション取り〉が、世間の視線を集めたいがゆえに反社会化しがちなこと。今回の事件もそう。

これに対する処方箋には2つの方向がある。第一は「リアル社会にポジションがないからネットで目立って埋め合わせる営みは、浅ましく、さもしい」という認識を植え付けること。幼少期から「そういうヤツを徹底的にバカにする」ように教育するやり方です。

徹底的にバカにされると予期されれば〈ネットでのポジション取り〉をしないかもしれません。でも、社会的承認不足を辛《かろ》うじてネットで埋め合わせている人々が、ネットで目立つ機会を塞《ふさ》がれたら、追い詰められて、別の暴発行動に及ぶ可能性もあります。

第二の現実的な処方箋は、敷居の低い〈ネットでのポジション取り〉ツールを用意すること。女の子にとっての自撮りがそもそもそうしたもの。フォトレタッチも簡単な昨今、過剰にエロ化しなければ人畜無害なツールでしょう。でも男の子には等価なツールがない。

父親がいても「父親機能が不在」という問題

さて、もう一つ重要なことがあります。父親の問題です。今回の少年についても、ネットで探索しても、父親の影がどうも薄いのです。フロイト=ラカン派の精神分析によりますと、「父」とは「社会からの要請」を代理してリビドーの発露を抑圧する存在です。

そうした社会からの要請を代理する父の機能をジャック・ラカンは「父の名」と呼びます。幼少時の全能感・万能感を断念させる「父の名」による禁止を通じて、人は初めて社会でポジションを得る方向に向かうと考えられています。現実の父というより「父親機能」の問題です。

社会にポジションが得られないのは、社会の空洞化もありますが、父親機能の不在ゆえに全能感・万能感を刈り取られていない、ということもありそうです。ラカンはこれを「ファルス=男根を切除されていない」つまり「去勢されていない」と表現しています。

遠隔操作ウィルス事件の片山被告も含め、「父親機能」の不在を感じます。現実に父親がいても、「父親機能」は不在になりえます。ラカンが「エメ症例」と名付けた自罰的パラノイアが有名です。パラノイアの女性がいて、自ら罰を望むかのように逸脱を重ねます。

ところが司法過程で法の裁《さば》きを受けることで、初めて彼女の症状が消えた。そういう症例です。父親機能が喪失されたまま大人になってしまったエメが、司法的に罰せられることで、初めて「父の名」において全能感・万能感が断念されたという風に解釈されます。

社会が空洞化すると、社会の中でポジションを承認されて「自分がいていいんだな」と思える機会が少なくなります。でも、全能感・万能感が刈り取られないので人々とうまくコミュニケーションできない人は、どのみち社会の中で永久にポジションが得られない。

警察に逮捕されて初めて、ラカン的に言えば「父の名」において全能感・万能感が刈り取られ、マトモになる。道徳的に改心したというより、謂わば症状の緩解《かんかい》ですね。遠隔操作ウィルス事件の片山被告も事件のドローン少年も、エメと似た道を辿《たど》るかもしれない。

しかし他方、エメの時代と違い、現代のネット社会には「投げ銭」など万能感をドライブする装置が随所にあります。警察・司法プロセスが追い付かなかったり、グレーで介入できなかったりする。だから今後もそういう人たちがどんどん増える可能性がありますね。

元少年Aの手記『絶歌』の出版はいったい何が問題なのか

連続児童殺傷事件を起こした酒鬼薔薇聖斗《さかきばらせいと》、「元少年A」によるとされる手記『絶歌』が出版されました。出版元の太田出版によると、初版は10万部で、増刷を重ね累計発行部数は25万部ということです（『新文化』2015年6月25日）。

あの事件とは何だったのかをリアルに描いているとする意見もあるようですが、遺族の了解を得ずに出版されたために、一部の遺族から抗議を受けるという事態にもなっています。

書店によっては販売を中止したり、注文のみに切り換えたところもあるようです。

一方、「事件のことを美化している」「言い訳がましい」、さらに印税が入ってくることで「事件を売り物にしていいのか」という批判も高まっています。

宮台さん、元少年Aの『絶歌』の出版はいったい何が問題なのでしょうか？

『絶歌』出版の経緯と判断

まずは出版された経緯からお話ししましょう。2015年6月18日発売の『週刊文春』によれば、この手記は2012年に幻冬舎の見城徹《けんじょうとおる》社長のところに封書で持ち込まれ、見城さんがこれを検討し、しかも週刊文春によると400万円以上がその作者に貸し出されたそうです。

しかし、そのうえで、「やはりウチからは出せない」ということで、見城さんから、この手記が今出版されている太田出版に譲られたという話があるんですね。結論から言えば、見城さんの「ウチからは出せないな」という判断と、その判断の背景がポイントだと思います。

見城社長は、出版するには、⑴深い贖罪《しょくざい》意識を持つこと、⑵身元確認のためにも実名で書くこと、⑶遺族に事前に挨拶すること（必ずしも同意の調達ではない）、の諸条件をクリアする必要があったが、無理だと分かったので、太田出版の岡聡《おかさとし》社長を紹介した、としています。

これら諸条件は当然で、これをクリアできなかったから出版しなかったというのは、本当ならば妥当な判断です。しかし、だからそれを太田出版に繋げたのはどうなのかということはありますが、もともと合法的な出版なので、問題があるとすれば太田出版でしょう。

『絶歌』が当人の手記と言える証拠とは

とりあえず僕はこれを読んでみました。当人が書いたかどうかも分からないし、当人が書いたとすれば彼にお金を払うのも不愉快なので、自分では買っていません。すでに買ったという友人から借りて読ませてもらいました。以下は読了後の数分間で思ったことです。

編集者が出版したくてたまらなくなった気持ちはよく分かります。第一に、いわゆるモンスター犯罪者の現在の自己理解がどういうものか。編集者も知りたかっただろうし、僕も知りたかった。そういう意味では、そうした期待に応えるような内容が書いてあります。

第二に、首の切断で射精に到る性的快楽を得た（既に噂されていた情報）という性的倒錯の実態と、当事者の生々しい感覚がどういうものだったのか。編集者は知りたかったでしょうし、僕も知りたかった。そうした期待にも応えるような内容も書いてあります。

あの事件とは何だったのか、という疑問を持つ多くの人たちの、期待に応えるような内容が書いてあるのは、後で断るように暫定的《ざんてい》にではありますが、事実です。しかしだからといって「この本が出て良かった」と単純に言えるわけではない。いくつか理由があります。

第一に、この手記が当人によるものだと判断するべきどんな証拠もありません。『週刊文春』の記事を読むと、幻冬舎も太田出版も戸籍に遡った本人確認をしていません。太田出版が本人だと主張したいのなら、見城社長が言うように、実名での出版が必要になります。

第二に、当人によるものだったとしても、この本が正直な告白だと判断すべきどんな証拠もありません。この本には「自分は嘘つきだった」ということが縷々《るる》書かれていますが、だったらこの手記が嘘だらけでないと信じるのは、クレタ島人のパラドックスと同様に困難となります。

記事によれば、幻冬舎に2012年に持ち込まれて2年間、社内で共同の編集作業が行なわれていたとのこと。太田出版の担当編集者―『完全自殺マニュアル』編集の落合《おちあい》美砂《みさ》氏ですが―が、たとえ「一言も手を加えていない」と語ったとしても、太田出版が加えていないだけの話。

以上の理由で、これが犯罪を犯した当人による自己告白的なノンフィクションだと理解するべき材料を、僕たちは一切持ち合わせていません。にもかかわらず、正直な自己告白という前提でノーテンキに評価を語るテレビの馬鹿コメンテーターどもには、辟易《へきえき》します。

その意味では、さきほど「暫定的に期待に応えてくれた」旨を語りましたが、本当のところ誰が書いたのかがよく分からないことを考えると、全ての内容的な感想を保留せざるをえなくなります。そうした奇妙な本を出版することについての社会的責任はどうなのか。

第三に、もし当人による記述だと仮定すると、この本の中には極めて身勝手な主観的評価が―過去についての現在の記憶として―山のように入っていて、倫理的に不愉快になる。そうした主観的評価が放棄されていないことが何を意味するのかという問題です。

例えば鑑定医だった「ワトソン」という人の描写。この人が自分と同じようなタイプの変態的な人間に違いないといったような断定が書いてあったり、チェ・ゲバラやガンジーについても、自分と同じような意味で性的な「ド変態」だっただろうと書いてあります。

通常ならばもちろん構わないですよ。人間は主観の動物なんだから。でも執筆者が何者としてクレジットされているかを考慮すれば——本当は何者なのか分からないけれど、ここでは誰が書いた手記だと表明されているかが問題——「もちろん構わない」では済まない。

「僕は病気やねん」という自己免罪化

連続児童殺傷事件の犯人が歴史上の偉人と同列であるように自らを語ることをどう見るか。「更生」とは厳密には難しい概念なので敢《あ》えて触れませんが、「連続児童殺傷事件の犯人であれ、こうしたことを書いてよい」という道義的な許容は、ありえないだろうと思います。

第四に、さらに踏み込めば「僕は病気やねん」という言い方をしているところがあります。例えば『絶歌』の本文145ページ。これはまずい。確かに鑑定では病気だとされて医療少年院に送られた。でも自分は病気だったという思いを記述することは、倫理意識に疑念を抱かせます。

「自分は病気だった」と病気概念を自己適用することと、「病気だ」と鑑定された事実との違いは何か。簡単です。鑑定はどうあれ、自分で自分を「病気だった」とすることで直ちに自己免罪化が持ち込まれます。他にもこうした文言がこの本には随所に入っています。

御存じの通り刑法39条には「心神喪失者の行為は、罰しない」とあります。法的な扱いとしては、心の病気である場合は犯人のせいというより病気のせいだから、犯人を罰するのではなく病気を治すとの趣旨です。犯罪行為の構成要件に該当せず、ということです。

これと全く同じ法理が、医療少年院への送致処分の背景にあります。法的な扱いとして「犯人のせいというより病気のせい」であっても、それを犯人が自己認識として表明するということになると、社会的な意味は、法的な扱いとは区別されたものにならざるをえません。

法的責任と道義的責任は別

第五に、結局「出版」という営みでは、社会的な意味についての、出版社や執筆者の自覚や反省が問われます。当たり前だけど、今回の出版については、法的な問題は出版社にも執筆者にもないでしょう。太田出版も顧問弁護士に相談した上で出版しているはずです。

だからといって社会的な批判が当たらないとは言えない。なぜなら我々の社会では、民事、刑事の法的責任とは別に、道義的責任があると考えられているから。例えば法が許しても、被害者家族が許さない。あるいは社会が許さない。そういうことがありえる訳です。

とりわけ被害者が死んでいる場合、そもそもどんな罰を受けたところで、取り返しがつかない、つまり原状回復が永久に不可能である以上、永久に埋め合わせられない家族の穴、社会の穴について、道義的な責任が一生ついてまわると考えなければならないはずです。

だから、法的に自由になっても、道義的には謝罪し続けなければならないという立場に、犯人はあると考えられます。そうした道義的な責任を果たすべく、刑期を終えても謝罪し続けて遺族の思いに応えること。そのことと、本書の無断出版は、やはり矛盾します。

『絶歌』出版のおぞましさとは何か

せめて、こうした事件に関する、犯人（を称する著者）による手記の出版については、事前に遺族に通知をし、説得をし、その反応を出版の是非の判断材料にするべきでした。もちろん、被害者家族が反対したら出版するな、ということでは必ずしもありません。

しかし被害者家族の反応を踏まえた上でどう再検討したのかの道理を、社会に示せるようにしておくことが大切です。ところが太田出版は「遺族の判断を頼ることは出版社としての責任を放棄することになる」と詭弁《きべん》を弄《ろう》している。は？　遺族の判断を頼る？笑止千万《しょうしせんばん》。

繰り返しますが、遺族に事前に通知して説得を試みることと、遺族の言うことに従うことは、別問題。家族に周知し、その反応を事前に捉えようとせずに、今も悲しみに暮れている被害者の家族に不意打ちのように本書を刊行した道義的な責任を、出版社はやはり免れません。

だから僕はこの本を買うのは「間違っている」と思います。25万部売れれば、３７０0万円以上の印税が著者に入ると計算できます。もちろん同額以上が出版社にも入る訳です。これは誤ったメッセージを発信します。たとえ印税が民事賠償に充《あ》てられるとしても同じです。

できるだけ酷《ひど》い犯罪を犯して手記を書けば本人も出版社も儲かるぞ！という、実におぞましいメッセージです。だからもう一度言います。この本を出版したことは間違ってますし、この本を買うことも間違ってます。皆さんは、このおぞましさを増幅させたいんですか？

地下鉄サリン事件から20年。１９９５年が暗示していたこととは

２０１５年は「阪神淡路大震災」やオウム真理教による「地下鉄サリン事件」が起きた１９９５年から数えて、ちょうど20年目です。

この間を振り返れば、２００１年にアメリカ同時多発テロ事件が起こり、２００３年にイラク戦争が勃発、２０１０年から２０１２年にかけては「アラブの春」と言われるアラブ世界において発生した大規模な反政府デモを主とした騒乱が起こりました。

さらに２０１１年に東日本大震災とそれに伴って起きた福島原発事故、またＩＳＩＬの台頭や世界各地で起こる無差別テロ事件などがありました。

この20年間のさまざまな大きな事件や事故、災害を考えると、１９９５年という年は今私たちが生きている現在にまで繋がる、なにか特筆すべき転轍《てんてつ》点だったようにも思えてきます。

宮台さん、今を生きる私たちから見て、20年前の「１９９５年」という年はいったい何を意味し、何を暗示していたのでしょうか？

震災・オウム・援助交際、という惑星直列

１９９５年という年のキーワードとしては、１月の「阪神淡路大震災」、３月の「オウム真理教の地下鉄サリン事件」、そして、僕が騒動を引き起こした張本人の一人でもありますが、当時ピークを迎えつつあった「援助交際のブーム」が、挙げられるでしょう。

阪神淡路大震災、オウム真理教、援助交際のブーム。この３つが、奇《く》しくも95年に重なりました。それから20年経った今から振り返ると、当時は分からなかったけれど、今だからはっきりと分かることがあります。今日はそのことをお話ししたいと思います。

阪神淡路大震災は、たいへんな大災害でしたが、震災直後から、それまで日本にはあまり見られなかった大規模なボランティアの動きが日本全国に拡がりました。だから、95年という年が、しばしば「ボランティア元年」と呼ばれるようになったわけです。

多くの人たちが、やむにやまれず、というか、自分でも動機がよく分からないまま、阪神淡路大震災の被災地にボランティアとして入ったのです。そのために、自分で食料

などの準備をしていないケースが多くて、現地であれこれ混乱を引き起こしてもいます。

さて、その2カ月後、地下鉄サリン事件が起こりました。ほどなくオウム真理教の犯行であることが知られ、幹部信者らが入信前は東大医学部・慶應大学病院・宇宙開発事業団などに所属するエリートだったことが、驚きをもって語られるようになります。

それとは別に、95年の夏休みから96年の夏休みにかけて、援助交際ブームがピークになります。経済目的で貧困層が手を染めるもの、といった従来の「売春」イメージからほど遠く、むしろ、当初はカッコいい女子がやっているという感覚があったのですね。

進学科と普通科がある高校で言えば、進学科の目立つ子らが真っ先に持ち込んだからこそ、一挙に普通科にも拡がりました。「流行の先端をいくリーダー層」が援交を始めたからで、カッコ悪い層が持ち込んでいたら、あそこまで急に拡がらなかったはずです。

予兆——ハルマゲドン後の廃墟の中の共同性

震災、オウム、援助交際。この3つが、実は全て「同じこと」を告知しています。〈社会の空洞化〉の始まりということです。95年は、それ以前から深く静かに進行しつつあった〈社会の空洞化〉が、一挙に目に見える形をとった年として、記憶されるのです。

まず、震災直後からのボランティアブームについてです。その背景に何があるのかについて、地下鉄サリン事件からほどない6月に『終わりなき日常を生きろ』を上梓《じょうし》して、あれこれ書きました。

そこで指摘したのは、ボランティアに行った人たちの多くには、ある共通の夢想と、それをもたらす共通する背景があったということです。これは今となっては分かりにくいので、大まかに当時の状況を説明します。

分かりやすい例で言うと、当時の音楽──とりわけヘビーメタルのプロモーションビデオ──に頻出したヴィジョンが、共通の夢想を表現しています。最終戦争が終わった後の〈廃墟の中の共同性〉とでも言うべきものです。

最終戦争、と言っても石原莞爾《いしはらかんじ》の議論より、「火の七日間戦争」『風の谷のナウシカ』の設定で、主人公ナウシカたちが生きる時代のはるか昔に「火の七日間戦争」と呼ばれる戦乱が起こり、文明が崩壊したとされる」みたいなものを想像していただければいい。「最終戦争後の廃墟の中で、新たな共同体を皆で立ち上げる」という夢想が、震災に先立って圧倒的に広まっていました。

90年代前半は、鶴見済《つるみわたる》氏が語っていた、世界をリセットするハルマゲドン待望論や、オウム真理教の麻原彰晃《あさはらしょうこう》が説法でといていた、近い将来訪れるハルマゲドンに備えよという話を含めて、「ハルマゲドン」こそがキーワードだったことを、思い出してください。

震災——システム崩壊がもたらした生活世界の輝き

この種の夢想をあたかも現実化するようなカタチで、ハルマゲドンならぬ阪神淡路大震災が起き、〈廃墟の中の共同性〉を求めるようにして、被災地にボランティアに出かけた人たちが大勢いたのです。その意味で、利他性にだけ還元して理解することはできません。

社会学に災害社会学という分野があります。2011年3月11日の東日本大震災の後、とりわけレベッカ・ソルニットの『災害ユートピア』が話題になりました。そこには、どんな先進国でも大災害の後に〈廃墟の中の共同性〉が出現することが書かれています。

要はこういう話です。僕たちは普段はシステムに依存しています。システムとは、マニュアルに従って役割を演じられさえすれば、人が入替可能な存在（匿名存在）でありうるような領域です。そこでの人々の動機は、損得勘定の〈自発性〉が専《もっぱ》らになります。ところが、災害でシステムが動かなくなると、生活世界が浮上してきます。生活世界とは、人が、損得勘定を超えた〈内発性〉―ヴァーチュー（内から湧《わ》く力）―を専らの動機づけとして動く領域で、そこでは人は入替不可能な存在（記名的存在）です。

システム崩壊でいっとき出現する生活世界が「災害ユートピア」です。そこでは人々が互いの損得勘定を超えた〈内発性〉を実感。自らの入替不可能な〈共同体にとっての価値〉［P195参照］を見出し、テクノロジーに覆い隠されていた身体性を奪還して、高揚します。

オウム―奪われた「共同体にとっての価値」の代替的回復

続いてオウム真理教の話ですが、これはP192の「ISILのような非合法テロ組織に、なぜ世界中から人が集まるのか」のときにもしましたね。70年代末、ナンパ・コンパ・紹介の時代、すなわち〈性愛の時代〉の、〝仰仰《ぎょうぎょう》しい〟始まりにシンクロして、新興宗教から自己啓発セミナーまで含めた〈宗教の時代〉が〝密かに〟始まったのでした。

当時の僕は〈性愛の時代〉と〈宗教の時代〉の双方を見渡せるポジションにいましたが、いま述べた70年代末から、地下鉄サリン事件の95年まで、宗教セミナーや自己啓発セミナー、超能力セミナーに、巷でエリートと呼ばれる人たちが大量参入していました。

そこに見られたのは「目標に到達できなかった」という挫折感ではなく、専ら「目標に到達したのに自分は輝いていない」という〈こんなはずじゃなかった感〉だった――という話をしましたが、覚えていますか？

せっかく超一流大学に入ったのに、親以外は僕のことを見てくれない。エリート教育を受けて社会の中で〈共同体にとっての価値〉を承認してもらえると思ったのに、全然ダメ。彼らは世俗の「外」の、宗教集団に〈代替的な承認チャンス〉を探すようになります。

アクセル・ホネットの「愛による（個体性の）承認」と「法による（権利の）承認」と「連帯による（共同体にとっての価値の）承認」の区別に従えば、三番目の〈共同体にとっての価値〉の承認不足が〈代替的な地位達成〉に向かう動機づけを与える、ということです。

援交──性愛に乗り出したがゆえの不全感の満載

最後に援助交際についてお話しします。ブルセラ&援助交際ブームの出発点は１９９２年のことですが、僕の性愛関連のフィールドワークは85年からです。だから、ブームに先立つ７～８年間、若い女性たちの性愛行動を全国規模でウォッチする機会に恵まれました。

年長者は御存じのように、80年代前半は「ニュー風俗」のブームで、素人の女子大生や専門学生が風俗で働くことが話題になり、80年代後半は「テレクラ」と「伝言ダイヤル」ブームで、中高生から主婦に至るまで大々的に性愛に乗り出したことが話題になりました。

この80年代の10年間を通じて、高校生女子の性体験率が倍増、高校生男子の性体験率を抜き去ります。しかし、その結果、女の子たちの悩みは、〈性愛に乗り出せないがゆえの悩み〉から〈性愛に乗り出したがゆえの悩み〉へと、シフトすることになりました。

象徴的なのが、同じ１９７９年に創刊された雑誌『マイバースデイ』と『ムー』です。

〈性愛に乗り出せないがゆえの悩み〉を受け止めるオマジナイ雑誌が『マイバースデイ』です。当初は『ムー』はマイナーで、『マイバースデイ』が圧倒的なブームでした。

転機が86年、ナンバーワンアイドル岡田有希子《おかだゆきこ》の飛び降り自殺です。そのあと一年余り、『ムー』の読者欄で前世の名前を呼び掛け合い、思い当たる子たちが初対面で出会って、一緒にビルの屋上から飛び降り自殺するようになり、『ムー』のブームになりました。

岡田有希子の自殺は、30歳以上も離れた芸能人男性との恋に破れてのことだと雑誌に書かれていましたが、僕が話を聞いた若い子たちの多くは、年長男性との失恋ではなく、年長男性に向かわざるをえなかった〈性愛の不毛〉にこそシンクロしていました。

要はこういうことでしょう。80年代を通じて、統計調査に見られるように、若い女の子たちが大々的に性愛に乗り出した。ところが、少女漫画を読んでロマンを育ててきた彼女たちにとって、実際の性愛コミュニケーションは大いに期待外れだった—。

僕は、多くの女の子たちから、デートと言っても、「ハチ公前交番の前で会って、ファストフードでテイクアウトして、ラブホに行って、セックスして、終わり」みたいなのばっかりで、つまらないという話を聞いていました。

それで、「そんなのやってらんねえよ」という風になった女の子たちが、90年代に入る直前に、男の視線とは完全に無関連に踊りまくる「お立ち台ディスコ」ブームを経て、「読者ヌード」ブームや「アダルトビデオ出演」ブームへと、向かうようになります。

その挙げ句に出てきたのが「ブルセラ&援助交際」ブームだったので、93年にフィールドでそうした営みの最初の形を見つけたとき、僕には驚きも不自然感もありませんでした。僕が少しも驚いていないので、下世話な好奇によるものではないと安心した女の子たちが僕に話してくれたのです。

社会空洞化の20年を告知した1995年

震災・オウム・援交。もうお気づきでしょうが、これら全てに共通するニュアンスがあります。「この社会をどんなにうまく生きてもツマラナイ」ということですね。これが、冒頭にお話しした「〈社会の空洞化〉の始まり」に当たります。

ただ、当時はまだ、97年に訪れる「平成不況の深刻化」の前だから、〈社会の空洞化〉がそれほど理解されていませんでした。それが97年になると、アジア通貨危機をきっかけに訪れた深刻な不況で、山一證券や北海道拓殖銀行が倒産したりしました。

そして、御存じの通り、97年度決算期の98年3月から自殺者が急増します。2万5千人前後の年間自殺者数が、3万人台に急増して、その後13年間3万人を切ることがありませんでした。そこで露《あら》わになった〈社会の空洞化〉を僕の言葉で言い換えましょう。

それまでは曲がりなりにも経済が回ってたから、社会にあいた大穴がよく見えなかった。ところが、経済が回らなくなった途端、社会の大穴に人々がどんどん落ちるようになった。そこで初めて穴ボコの存在を突き付けられた、ということですね。

経済は回っているけれど、実は社会が回っていなかった。辛うじて回っていた経済が、社会の穴ボコを隠蔽《いんぺい》していた。しかし経済が回らなくなって以降、僕らは自殺・孤独死・無縁死など社会の穴ボコに向き合うしかなくなり、もう20年近い時間が経ちました。

この20年はどんな時代だったのでしょうか。一口で言えば、〈社会の空洞化〉に向き合わざるをえなくなり、目の前で〈社会の空洞化〉がどんどん進行する時代だった、ということになります。その20年の幕開けを告知したのが、震災・オウム・援交だったということです。

近頃では〈社会の空洞化〉が〈感情の劣化〉という形で観察できるようになりました。

それを象徴するのが、「嫌韓厨《けんかんちゅう》」ブームから「電凸《でんとつ》」（「電話突撃」の略。2ちゃんねるが発祥とされる。企業やマスコミ、諸団体などに電話をかけて見解を問いただすこと。電話が殺到するなど問題化することがある」ブームを経て「ヘイトスピーチ」ブームに至る、「ネトウヨ」的なものの流れです。

他方で、皆さんも御存じかもしれませんが、1996年以降「性愛からの退却」がものすごい勢いで進みました。僕が今の大学に赴任《ふにん》したのは93年でしたが、僕が自分の大学で個人的に調べたケースを紹介しましょう。

90年代の半ばですと、交際相手がいる学生が、おおよそ4割いました。ところが、それがどんどん減って、今はどうかというと、何と1割台前半しかいないんですよ。ざっと3分の1ぐらいに減ってしまいました。恐ろしい変化です。

友人関係もそうなんだけれど、実りある絆によって結びつけられたような人間関係を作るということが、非常に難しくなっています。多くの若い人が「何か言ったらネットに晒《さら》されるんじゃないか」という、いわば疑心暗鬼《ぎしんあんき》の塊《かたまり》になりがちです。

あるいは、少しでも性愛関係でいい目を見ているような女の子がいるとすると、女の子同士の間で「ビッチ」という扱いをされたりする。非常にさもしく浅ましい妬《ねた》みが支配し、それゆえ怯《おび》え、本当に自分が思っていることを言えなくなりがちです。

備えあれば憂いなし……だが備えたところで

そうした今日の〈社会の空洞化〉や、挙げ句に訪れた〈感情の劣化〉の、まさに出発点を象徴するのが、１９９５年という年なんですね。今回挙げた「震災・オウム・援交」という3つのキーワードは、劣化の時代の始まりを、告知するサイファ（暗号）だったと言えます。

僕は20年間、ＴＢＳラジオ『デイ・キャッチ！』という僕が今お話しをさせていただいているこの番組で、毎週ニュースについてコメントしてきました。いろんなニュースが出てくる中で、何が繰り返され、何が増え、何が減ったかを、評価できるような定点観測をしてきたことになります。

定点観測から言えるのは、この20年間、ひたすら〈社会の空洞化〉が進んだこと。今また経済が少しは回るようになったということで、以前と同じように〈経済回って、社会回らず〉、つまり「回り始めた経済が、社会の穴を覆い隠す状態」が再来するに違いない。

でも今日の経済は、債権リスクの債権化といった再帰性ゆえに水モノで、容易に混乱する。財政はクラッシュしないにせよハードランディングするかもしれない。その際、〈社会の空洞化〉が手当てできていないとどうなるか。大勢が再び穴ボコに落ちて死にます。

これが「1995年のサイファ」が告知していたことの一つです。「備《そな》えあれば憂《うれ》いなし」は、災害グッズだけの話じゃありません。システムが破綻《はたん》したとき、皆さんが頼れる生活世界など、果たしてあるのか。たぶん多くの方々にはないし、作る力もないでしょう。

他方で「1995年のサイファ」は、「この社会をどんなにうまく生きてもツマラナイ」という感覚の拡がりも告知しています。以前はそれをオウムとISILから窺《うかが》える共通問題として話しました［P192参照］。こうした感覚の拡がりは、危険なものを含めて宗教を呼び出します。

そうした現在を、社会哲学の世界で、「ポスト世俗化時代」と呼びます。資本主義の延命に不可欠な差異が消尽してフラットになることで、一方で、金融の再帰性が上昇して経済が不安定化し、他方で「世俗の生活に実りがない」との感覚が蔓延《まんえん》し、超越への帰依が拡大する、ということです。

こうした動きが止まらない限り、ＩＳＩＬを潰しても、カルトは危ないと叫んでも、弥縫策の域を出ない。激烈な貧困化と、激烈なスーパーフラット化が、ますます進む中で、「世俗の生活には実りがない」という感覚をどう克服できるか。それが最大のポイントです。

「お猿のシャーロット騒動」と日本のインチキ忖度社会とは

大分県大分市の高崎山《たかさきやま》自然動物園が、毎年の恒例としてサルの赤ちゃんの名前を公募したところ、イギリス王室の王女のお名前と同じ「シャーロット」が最多でした。

それを受けて、サルに「シャーロット」と名前をつけることを決めました。

しかしこれに国内から批判の声が殺到。「イギリスに失礼だ」「もしイギリスのサルに日本の皇族の名前がつけられたらどう感じるか」などという意見が寄せられました。

ただ、メディアがイギリス王室に問い合わせたところ、「ノーコメント。命名は自由だ」と回答したこともあり、擁護する意見も多く寄せられ、結局大分市は名前を変更しないことになりました。

イギリスのBBCはこれを報じたものの、ごく淡々と事実を伝えただけ。

外国からの指摘で問題となった訳でもない、あくまで国内でのこの騒動。

宮台さんからみて、ここにはどんな側面が隠されているのでしょうか？

英国王室の意向を勝手に忖度《そんたく》する馬鹿ども

本書の中でも、天皇陛下と天皇制についてお話ししました。僕は天皇主義者ですから、陛下には最大限の敬意を抱いております。だからこそ今回は、日本における天皇制的な体制のよくない側面、歴史的に問題を引き起こしがちな側面を、話題にいたします。

まず、シャーロットという名前に落ち着いて、よかったですよね。イギリス王室広報は、正確には「ノーコメント」と言ったのではなく、正しくは「特にコメントはありません」と言ったのです。パラフレーズすれば「特に関心もないので、好きにして下さい」ですね。

当事者に尋ねれば「関心もないので、好きにしてくれ」と言っているのに、過剰に「先方に失礼だ」「先方のお気持ちを考えているのか」などとピーピーわめく輩《やから》が跋扈《ばっこ》するところが、今回のポイントです。キーワードは、忖度《そんたく》によって社会が動く「忖度社会」ですね。

忖度という言葉は「誰某《だれそれ》の気持ちを忖度する」「誰某の意向を忖度する」という風に

使います。パラフレーズすれば、「相手の心中を察して、お気持ちを傷つけないように、ちゃんと振る舞いましょう」という意味になる。巷《ちまた》には「忖度政治」という言葉があります。

小沢一郎氏周辺にあった愚昧《ぐまい》な忖度政治

皆さん、覚えていますか。民主党政権ができて数カ月後、小沢一郎氏に纏《まつ》わる「忖度政治」が話題になりました。小沢氏は幹事長でしたが、政治資金問題で秘書が起訴されたものの本人が不起訴になった件で、生方幸夫《うぶかたゆきお》副幹事長が小沢氏を以下のように批判したのでした。

《国民は小沢さんが不起訴になったから全部シロとは思っていない》《小沢幹事長の政治資金問題についての説明で納得してない人や幹事長を辞めるべきだという声が圧倒的》

（『産経新聞』２０１０年3月17日）

そうしたら党内の反発が拡がったので、民主党執行部が対応を協議して、生方氏を翌日に解任しました。たとえ起訴されても、有罪が確定するまでは推定無罪の原則。まして小沢氏は起訴前だし、明白な国策捜査なのだから、生方副幹事長の解任は、当然のことです。

ところが、その5日後には「世論の批判を受けて」執行部が解任を撤回《てっかい》したという「事実」が報じられます。当然の解任を撤回するとは奇妙な話だな、と思っていましたら、ほどなく各種メディアが、これは「忖度政治」のなせるワザなのだ、と報じるようになりました。

各種メディアの伝えたところによれば、この一件は、小沢氏側近たちが「小沢氏がお怒りに違いない」という過剰な忖度にハマって、小沢氏の反応を待たずに勝手に解任したら、それを知った小沢氏が勝手なことをするなと言うので、急遽《きゅうきょ》、解任を取り消したとのこと。

とすれば、これは滑稽千万《こっけいせんばん》。生方氏も《という声が圧倒的》という具合に「世の中の空気を忖度」したとすると、彼を解任した民主党執行部も「小沢氏の御意向を忖度」してのこと。最後は今回の動物園騒動と同じく〝当事者本人が出てきて〟、勝手なことをするな（笑）。

東電周辺にもA級戦犯周辺にも忖度政治

全く別の場所にも、よく似た話があります。東京電力福島第一原発の事故が起こった際、現場が海水を注入しようとしたのに途中で中断されたことが報じられました。そのとき、東京電力統合対策室の記者会見で、当時の武藤栄《むとうさかえ》副社長がこういうことを言っていたんです。

《海水注入に向けて努力していたが、官邸、あるいは総理の了解が得られていないという空気が伝えられたので、中断を決めた》と。つまり、総理御自身がそう指示した、という話ではなく、《空気が伝えられた》のだ、と。これも、首相の意向の忖度です。

それで現場が一挙に萎縮《いしゅく》し、海水注入を中断したという話。まあ実際には、当時福島第一原発を現場で指揮していた吉田昌郎《よしだまさお》所長の独断で、一切中断することなく海水を注入し続けました。これによって災害の拡大が食い止められました。空気や忖度に抗《あらが》う勇断でした。

「忖度政治」という概念は、丸山眞男《まるやままさお》が敗戦後の東京裁判を分析して、日本政治に独特の「無責任体制」としてあぶりだしたものです。「天皇陛下はこう思っておられるに違いない」という具合に、御意向の忖度に関わる空気の中で、誰もが萎縮していくことです。

例えば、東京裁判——正式には極東国際軍事裁判《きょくとうこくさいぐんじさいばん》——の資料によりますと、元朝鮮総督《ちょうせんそうとく》の南次郎《みなみじろう》は、裁判で「なぜ聖戦と呼ぶか」と問われ、《皆が聖戦と言うから、ついそういう言葉を使った》などと答えています。本当はもっと長く引用したい情けない物言いです。

また、開戦時に東條《とうじょう》英機内閣の外相だった東郷茂徳《とうごうしげのり》は、三国同盟結成について問われて、《個人的には反対だったが、全ての物事には成り行きがあります》と答えています。さらに、東條辞任のあとに総理になった小磯國昭《こいそくにあき》も、東京裁判で、やはりこう発言しているのです。

《我々日本人の生き方として、自分の意見は意見、議論は議論といたしまして、国策がいやしくも決定されました以上、その国策に従って努力するのが、我々に課せられた従来の慣習でございます》。

これらだけではありません。東京裁判でA級戦犯として処刑された全員が、無謀な作戦指揮などについて問われて、自分としては内心忸怩《ないしんじくじ》たる思いはあったものの、《今さらやめられないと思った》《空気に抗えなかった》などと、証言しているテイタラクなのです。

岩倉使節団系が設計した忖度メカニズム

ただし、小磯國昭元総理が《従来の慣習》と答えてはいるものの、忖度政治は、日本古来のやり方ではなく、明治維新政府が設計した、独特の政治的メカニズムよるものです。即《すなわ》ち、意図的な設計により、忖度を媒介にして政治的決定を操縦《そうじゅう》することになったんです。

唯一絶対神に結びついた真理概念を欠いた日本人には「田吾作は田吾作の言うことを聞かない」という行動様式があります。「内容が正しいから相手に従う」ということにはならず、「どうせあいつが言ってるだけ」と属人化されて、脱臼《だっきゅう》させられてしまうのですね。

かかる傾向に対処するべく、欧米歴訪《おうべいれきほう》を経た岩倉使節団《いわくらしせつだん》系が、明治維新政府に導入したのが、実際には田吾作が言っているに違いないのに、「陛下の御意向である」という迂回路《うかいろ》を辿《たど》ることで相手をひれ伏せさせる、という〈田吾作による天皇利用のメカニズム〉です。

維新政府については、孝明天皇暗殺説《こうめいてんのう》や明治天皇替玉説《かえだま》（別名・大室寅之祐《おおむろとらのすけ》替玉説）が久しく囁《ささや》かれてきたほどで、〈田吾作による天皇利用のメカニズム〉の設計は、実際には極めて不敬ですが、実は、それこそが大日本帝国における「国体の本質」だったのですね。

暗殺説や替玉説が指し示そうとしているのは、〈田吾作による天皇利用のメカニズム〉においては、〝陛下の実際の御意向にはさして関係がない〟、いや〝むしろ関係しては困る〟とすら言える実態です。だからこそ維新政府は、天皇と民衆の間を幾重にも隔離《かくり》したのです。

陛下の意思を偽《いつわ》るインチキ忖度を可能にするエートス

幾重にも隔離された内側では、例えば日米開戦の3カ月前、昭和天皇が明治大帝の御製短歌を御前会議《ごぜん》で披露する形で、戦争を望まない陛下の御意思を、直接的ではなくても、その場の誰もが分かる形で表明しておられます。しかし、国民からは隔離されたままでした。

御前《ごぜん》会議の重臣たちは、昭和天皇の御意思を事実上無視し、揉《も》み消した上で、「開戦こそ陛下の御意思」という嘘いつわりをデッチ上げ、陛下の御意向に関わる忖度政治を推進して戦争に突き進みました。過去の話ではなく、同じクセがまだ日本に深く残っています。

以前紹介したけれど、〈クソ保守〉の中には今も、天皇を元首《げんしゅ》に戴《いただ》く神道《しんとう》政治を長らく主張していながら、戦後憲法に最大の敬意を払う今上《きんじょう》天皇の御意向が実際に国民の目や耳に触れるようになると、今度は宮内庁《くないちょう》のガバナンスを批判し始める、実に不敬の輩《やから》がいます。麗澤大学教授・八木秀次のことです。

イギリス王室が不快を表明したのでなく、不快に違いないという忖度から噴き上がった今回の「お猿のシャーロット騒動」も、不敬な〈クソ保守〉が陛下の御意向を無視して展開したがる〈インチキ忖度政治〉に、密接に関わるエートス（＝心の習慣）を指し示します。

英国王室と皇室の違いを弁《わきま》えない無知無教養

もう一つ指摘したいのは、「お猿のシャーロット騒動」の背景には、日本の皇室と欧州の王室の違いに関わる、根本的な無知無教養があること。一口で言えば、天皇陛下は、現人神的な扱いで「聖なる存在」ですが、対照的に、西ヨーロッパの王様は全て「俗人」なのです。

これは11世紀から12世紀にかけての「カノッサの屈辱《くつじょく》」で知られる叙任権闘争《じょにんけんとうそう》を背景として、聖なる世界を統《す》べるローマ教皇と、俗なる世界を統べる各領邦《りょうほう》の王様という具合に、聖俗の領域分割を図るようになった歴史に関係しています。これを「双剣論《そうけんろん》」と呼びます。

王室が残るイギリスが典型ですが、王室は俗人集団だから、スキャンダルも報じ放題、愛称でも呼び放題。それが「国民の王室」という意味なのです。皇室内にも、英国王室に近づけようとの御意向が現にありますが、歴史的背景の違いを簡単には消去できないのです。

陛下の御意向を無視して展開される〈インチキ忖度政治〉の長い歴史は、西欧の王様と違って、天皇陛下が「聖なる存在」であり続ける歴史的事実を弁えずには、理解できません。だからこそ、「聖なる存在」の御意向を直接感じ取る営みが、きわめて大切になるのです。

リベラルな態度を装う不遜な自己拡張

さらにもう一つ、そこには、リベラリズムないしリベラルな態度の限界条件が示されています。ジョン・ロールズの『正義論』（1971年）が示す通り、リベラルな態度とは、「もし自分と相手の立場を入れ替えても、同じことが言えるか」という反実仮想《はんじつかそう》にあります。

この反実仮想は、しかし、同一の共同体内でだけ機能するフィクションです。そのことを明確に述べて有名になったのが、「白熱教室」のマイケル・サンデルです。共同体が異なる場合、立場を入れ替えたつもりになれるのは、「人は皆同じ」と考えるトンマだけです。

西欧の王室は単なる「俗人」で、「聖なる存在」ではない。これは教養人の基本常識です。だから、教養人であれば、この件について、イギリス国民と日本国民の立場を入れ替えて、「日本人が英国人に同じことをされて耐えられるのか」などとほざくことは、ありえません。

「私たちが皇室の方々の名前をサルにつけられたらイヤだ」。日本人ならそうでしょうよ。でもＳｏ ｗｈａｔ？ だからどうなの？ 皇室と王室は入れ替えられません。それを弁えることが、文化的多様性に開かれていることです。入れ替え可能性は簡単には開かれないのです。

「でも、文化的多様性って難しいな。自分たちにはそんな教養なんてないな」と思われますか。だったら実際に相手に尋ねてみるんですよ。「相手が絶対嫌がるに違いない」とかじゃなく、「すみませんが、これはお嫌でしょうか」とちゃんと質問してみましょうよ。

サルはイギリスでは侮辱《ぶじょく》的シンボルという人もいます。そういうイギリス人は大勢いるでしょう。Ｓｏ ｗｈａｔ？ 「聖なる存在」がサルの名前になることと、「俗人」がサルの名前になることではインパクトが全く異なります。そこにも単純な入れ替え可能性はないのです。

失礼な忖度をする前に当事者の意向を伺え

英国人と日本人は異なるのに、英国人の身になればソレはありえないなどと忖度する。陛下と田吾作は異なるのに、陛下の身になればソレはありえないなどと忖度する。この過剰な入れ替え可能性を前提にした忖度が、〈インチキ忖度政治〉を可能にする心の習慣です。

相手が偉い人であるほど——相手を尊重するほど——相手と自分を単純に入れ替え可能だと考えて勝手な忖度をするのは、失礼千万。田吾作のクセにつけあがって、相手と自分の入れ替え可能性を想定し、「失礼だぞ」などと周囲を叱責《しっせき》する輩。まさに日本の恥です。

僕は、シャーロットという名前を押し通した大分市にある高崎山《たかさきやま》自然動物園と大分市の決断に敬意を表します。勝手に忖度せずに当事者の御意向を伺ったのは国際的見識です。日本の恥を教えてくれた英国王室に感謝するためにも、「お猿のシャーロット」に会いに行きましょうよ。

戦後日本を代表する思想家・鶴見俊輔氏が残したものとは何か

戦後の日本を代表する思想家でリベラルな立場で幅広い批評活動を展開した
鶴見《つるみ》俊輔《しゅんすけ》さんが２０１５年７月20日に亡くなりました。93歳でした。

鶴見さんは１９３８年に渡米し、翌年にハーバード大学哲学科に入学。

日米開戦後の１９４２年３月、無政府主義の容疑で逮捕されましたが、戦時交換船で帰国。

１９４３年には、海軍軍属に志願してインドネシアに赴任しました。

戦後には丸山眞男らとともに『思想の科学』を創刊して、日本の思想界を牽引《けんいん》しました。

またベトナム戦争反対の立場を貫《つらぬ》き「ベトナムに平和を！市民連合（ベ平連）」を結成。

２００４年には日本国憲法擁護の立場から「九条の会」設立の呼びかけ人になるなど、
市民運動にも積極的でした。

宮台さん、鶴見さんが残してくれたものとはいったい何だったのでしょうか？

鶴見俊輔氏は大衆文化論の出発点

既に多くの方が鶴見さんの死を悼《いた》む追悼《ついとう》文を出しました。上野千鶴子《うえのちづこ》さんの文章（朝日新聞2015年7月24日朝刊）も涙を誘ったし、天皇主義の時代に天皇主義の優等生になり、民主主義の時代には民主主義の優等生になる「優等生病」への、嫌悪を紹介した小熊英《おぐまえい》二《じ》さんの文章（朝日新聞7月28日夕刊）もよかった。

なので今日は繰り返しを避け、故人の業績を讃《たた》えるかわりに、彼の業績で今日継承されにくくなっている大衆文化論・社会意識論について、各種追悼文で触れられていない事実をお話しします。キーワードは「社会心理学」です。後で触れるように言葉の意味が今日とは違います。

追悼記事では、鶴見さんが「べ平連」、最近では「九条の会」の創設メンバーだったこと、丸山眞男や都留重人《つるしげと》と創刊した『思想の科学』（1946〜1996）のことを紹介しています。この雑誌は、「八紘一宇《はっこういちう》」の如き「お守り言葉」を排し、「ひとびとの哲学」に寄り添うと宣言したことで知られます。

「ひとびとの哲学」とは「大衆が生活しながら思ったり考えたりすること」です。この雑誌が大衆文化論や社会意識論の重要な媒体だとされてきた理由も、それです。どういうことかと言えば、今はなき「社会心理学」の形態がそこに見られたのです。その前にまず、心理学と社会学の違いを話します。

心理学と社会学はどこが違うのか

心理学と社会学とは、帰属処理が違います。心理学は、現象をもたらす前提や原因を心理メカニズムに帰属します。「心がこうなっているからこういうことをした」という説明です。社会背景が探られることがあっても、「なぜアノ人ならぬコノ人がそうなったか」を説明するのですね。

これに対し、社会学は、現象をもたらす前提や原因を社会メカニズムに帰属します。たとえ一度は個別主体の心理に帰属することはあっても、「そうした心理的作用が働くのは社会がこうなっているからだ」という風に、最終的には社会を問題にします。一例を挙げましょう。

1993年に援助交際の存在を世に紹介した際、多くの大人は援交女子高生らを「特殊」と見做《みな》しましたが、僕は「一部だけれど、特殊じゃない」と論じました。女子高生らが、援交するか否かに関係なく、共通の社会的前提の上にあり、一部の子が「引き金を引かれる」だけという趣旨です。

一部の子に関わる「引き金」要因の一つとして心理的要因が作用する場合もありますが、心理的要因やそれを条件づけるミクロな背景に注目しすぎると、偶然の契機があれば誰でも援交に乗り出しうる事実や、それを支えるマクロな社会的要因が存在する事実が、忘れられます。

心理学者の処方箋と社会学者の処方箋も対照的です。心理学者は、問題を改善すべく、薬理療法やカウンセリングで「症状」を改善します。でも社会学者は、「心の持ち方の改善」に注力しすぎると、「心の持ち方」の背景にある「社会の在り方の是非」という問題が覆い隠される、と見ます。

社会心理学の意味がかつては違った

さて、社会心理学です。今日では、噂やデマの発生・伝搬、評判の形成、それらを利用したマーケティングや政治的動員技法の研究といったアメリカンなイメージです。でも1970年の時点では、それは「心理学的な社会心理学」と呼ばれる一つの立場に過ぎなかったのですね。

日本でメジャーだったのはむしろ「社会学的な社会心理学」でした。これに道をつけたのがまさに鶴見俊輔さん。あるいは、その影響下で、南博《みなみひろし》さん〔京都大学やアメリカのコーネル大学で心理学を学び、帰国後は一橋大学で日本の国立大学初の社会心理学講座を設ける。frustration（フラストレーション）の訳語に「欲求不満」という言葉をあてたことでも知られる〕や、私のお師匠でもある社会学者の見田宗介《みたむねすけ》先生や、数多くの方々が「社会心理学者」を自称しました。

この「社会学的な社会心理学」は何をやったのかというと、戦後のマルクス主義ブームを背景として、例えば「社会意識は社会構造によっていかに規定されるか」という具合に問題を立てました。これはマルクス主義の「上部構造は下部構造によっていかに規定されるか」の応用ですね。

そうした「マルクス的な問題設定」を前提として、「下部構造に規定されない上部構造はあるか」「経済的諸関係とは比較的無関係に動く観念形態とは何か」といった研究もなされてました。これらを特別に名指しして、「マックス・ウェーバー的な問題設定」と呼んだりしました。

かつての社会心理学の具体的事例

具体的な例を挙げます。なぜ、戦間期から戦後にかけての重工業化＝都市化の過程で望郷の歌が流行したか。なぜ、先進各国で高度経済成長時代に学生運動が噴出したか。なぜ、先進各国で１９５０年代半ばに「若者」が誕生したか。ちなみにそれまでは「若者」はいませんでした。

こうした物言いはフィリップ・アリエス『〈子供〉の誕生』に倣《なら》っています。それまで若者は、大人と同じ秩序貢献的な理想を抱く、しかしより純粋な存在であって、大人になるにつれて汚れていくのだ、と観念されました。「若者＝より純粋な若年の大人」というイメージですね。

ところが1955年になると、大人からは窺い知れない内面を持つ不可解な「若者」という概念が出てきます。「暴走する若者」「無軌道な若者」「理由なく反抗する若者」というイメージです。アメリカならジェームズ・ディーンに象徴され、日本なら太陽族的なものに象徴されたものです。

こうして先進各国では、大人と区別される存在としての「若者」は当初、暴走・無軌道・反抗などのネガティブな印象を与える存在でしたが、60年代半ば以降は、ラブ&ピース・性の解放・Tシャツ&ジーパン・長髪・エレキギターなど、オルタナティブな価値を掲げるポジティブな存在になります。

今申し上げたのは先進各国に共通する観念形態の新たな変化です。これとは別に日本独特の持続する観念形態もあります。鶴見さんがお好きだったことだけれど、何で日本人は、ヤクザや流れ者といった「周辺的な存在」に好感を抱くのか、といったことが問題にされました。

当時を思えば、任侠《にんきょう》映画もそう。漫画やアニメの『サイボーグ009』もそう。世界破壊のための最終兵器として開発されたサイボーグらが人知れず正義のために戦う話でした。古くは浄瑠璃《じょうるり》の心中話もそう。恋する二人が心中を決意した瞬間に光が降りる訳ですね。

こういう問いにマルクス主義的な図式だけでは答え切れないということで、そうした問題を研究しようというのが、「社会学的な社会心理学」を主導した鶴見さんでした。実際、鶴見さんは漫画研究の重鎮でしたし、彼の影響を受けて、歌謡曲や映画を研究する人が続いたのです。

そうした人々の登竜門が『思想の科学』。映画で言えば、映画評論家の佐藤忠男《さとうただお》さん。もともと『思想の科学』の投稿者で、後に編集に携わらせてもらったという経歴からいって、鶴見さんが育てたと言ってもよい存在です。佐藤忠男さんからは僕も非常に大きな影響を受けています。

鶴見的な流れを頓挫《とんざ》させたエビ厨

鶴見俊輔さんに続くこうした一連の流れが、１９６０年代に「社会心理学（的）」と呼ばれていたのですね。先に名前を出した僕の師匠の一人である見田宗介先生も、初期の本ではプロフィールで「社会心理学者」と自称しておられた。だから僕も「社会心理学者」になろうとしました。

こうした流れが存在したことを、今の若い人は研究者(の卵)を含めて知らないでしょう。鶴見さんは、僕らの集合的な観念形態―何を良い・悪いと思うのか、何を好み・嫌うのか―が、時代につれ、なぜ、どう変化していくのかを、深く理解しようとする流れを作ったのです。

その意味で、後代に繋がるべき大事な流れの一里塚を築いた人です。しかしこうした「社会学的な社会心理学」の流れは、残念なことに今日ではほぼ継承されていません。かわりに統計的に実証されたことだけを言おうとする頭の悪い「エビデンス厨」が跋扈《ばっこ》するようになりました。

マートンが築いた実証的調査の礎《いしずえ》

こうした頽落《たいらく》は、学説史に対する無知ゆえの頭の悪さに由来します。実証的な社会調査に基づき、順機能・逆機能、顕在機能・潜在機能、所属集団・準拠集団、予期的社会化、予言の自己成就などの概念ボキャブラリーを今日に残したロバート・キング・マートン［1910～2003、アメリカの社会学者］は、以下のように言います。

実証的社会調査で通念を確認したり、通念を実証したりするのは愚昧だ。重要なのは、データを精査して見つかる、通念や仮説に矛盾する傾向である。こうした意外な傾向を説明するために仮説を含んだ概念を作り、それを実証する調査を行なって、更なる矛盾を発見していく。

そうしてできたのが先に紹介した一連の概念ボキャブラリーです。彼は同時代の少し先輩にあたる社会学者パーソンズの、一般理論構築に向けた試みを肯定しながらも、今はまだ概念ボキャブラリーが少なすぎるとして、実証調査で矛盾を発見しては、仮説を核とする概念を作ろうとしたのです。

ところで、鶴見さんの立場が継承されなくなったと申しましたが、93年に上梓《じょうし》した僕の共同プロジェクト『サブカルチャー神話解体』では鶴見さんの立場の継承を目指し、複雑な統計手法を用いてはいるものの、マートンの教え通り概念構築のための実証的な社会調査を実践しました。

鶴見的方法の限界を見極める営み

鶴見さんや『思想の科学』派の影響がなければありえない本なのですが、だからこそ鶴見さんの方法では到達できないところはどこかを徹底的に追求しました。例えば、先に1955年頃に先進各国で「若者」が誕生した話をしましたが、この話にはそれに関連する続きがあります。

否定的な「若者」から肯定的な「若者」を経て、1973年に「若者」が消滅します。再び「純粋な大人」に戻ったんじゃない。「若者」だというだけで互いが何者であるか分かり合えるような共通感覚―ラブ&ピース・性の解放・Tシャツ&ジーパン・長髪・エレキギター―が消えたのです。

1970年11月に自決した三島由紀夫が直前に憂《うれ》えたことですが、国民的共通前提はとっくに消えていました。三島が喝破《かっぱ》したように、国民的共通前提が消えたから、埋め合わせとして世代的共通前提が登場しただけ。そして世代的共通前提が消えた。いったい何が残ったのか―。

国民的共通前提と言ってもピンと来ないでしょうね。昔はお茶の間で家族揃って同じ番組を見ました。だから「紅白」だけでなく「ＮＨＫニュース」の如き国民的番組があって、誰もが見ているという前提で、井戸端会議があり、「旦那、あのニュースだけど……」と床屋《とこや》政談がありました。

さて、国民的共通前提が消え、埋め合わせの世代的共通前提も消えた後、果たして何が残ったか──。詳しくは『サブカルチャー神話解体』に譲りますが、鶴見さんらの方法論は、国民的共通前提の健在を前提としたものだから、もはや通用せず、別の方法が必要だ、と僕らは考えました。

乗り越えようと思うには、乗り越えられねばならない高い山が必要です。その意味で、鶴見さんの方法に準拠するか否かにかかわらず、鶴見さんは戦後の大衆文化研究・社会意識研究の礎《いしずえ》を築きました。だけどその継承は危うい。なぜか……という思考こそが実は鶴見さん的なのです。

第四章

「明日は我が身」の時代を生き残るために

性愛、仕事、教育で何を守り、何を捨てるのか

なぜ日本では夫婦のセックスレスが増加し続けているのか

日本家族計画協会が２０１４年に行なった「第7回 男女の生活と意識に関する調査」の結果が発表されました。

1カ月以上セックスをしていない状態を「セックスレス」と定義し、既婚者について調べたところ、日本の夫婦のセックスレスの割合は44・6％にものぼりました。

10年前の調査の31・9％から大幅に増えていることが分かりました。

なぜ、日本では夫婦のセックスレスが増えているのでしょうか？

夫婦のセックスレスは、世界の「非常識」ですが、日本で「常識」なのは、なぜでしょうか？

かつてはナンパ師として知られ、今ではご家庭をお持ちで、『「絶望の時代」の希望の恋愛学』『愛のキャラバン』などの著作から「愛の伝道師」とも呼ばれている宮台さん、日本の夫婦のセックスレス問題の本質を教えて下さい！

センシティブなクエスチョネア問題

まず、この統計数値を解釈する前提として、社会調査で「センシティブなクエスチョネア」［クエスチョネア＝質問紙を使って行なう調査の質問項目のこと］と呼ばれる問題があります。つまり、「微妙な質問だから正直に答えづらい」んですね。

そもそも、セックスに関する話題が答えにくいうえに、「セックスしていない」などというネガティブな回答が、さらに答えにくい。だから、夫婦のセックスレス割合は、実際にはもっと多いはずです。

実際、いろんな人たちの話を聞く限りだと、相当多いでしょうね。44・6％なんて数字よりも、ずっと多いだろうと想像しています。まあ、そのことを割り引いたにしても、夫婦の半分がセックスレスというのは、他国に比べて断然多い。

次に、もう一つの前提だけれど、「セックスが必要なのか」と聞かれれば、個別の夫婦がセックスをしようがしまいが、夫婦の勝手。僕にとってはどうでもいい。ミッシェル・フーコーが言う人口学者のように、「産めよ増やせよ」とも思いません。勝手にどうぞ。
ただ、昔からよく問われる「なぜ日本では諸外国に比べて夫婦間のセックスレスが多いのか」という謎や、「なぜセックスレスが増えているのか」という謎に、社会学者として答えることは、それなりに可能です。

夫婦中心主義がないから弛緩《しかん》する

まず、一つ目の謎。「なぜ日本では夫婦間のセックスレスが多いのか」について答えましょう。これについては昔から問われてきていて、社会学的な回答がすでになされています。一口で言えば「日本的な文化の影響」です。

日本が核家族化したのは、アメリカやヨーロッパを追いかけてのこと。具体的には1960年代で、団地化や専業主婦化と連動しました。この核家族化のあり方に、実は日本的な文化が反映したんですね。

アメリカやヨーロッパ、特にアングロサクソンのアメリカとイギリスでは、夫婦中心主義があります。「夜9時以降は子供の時間じゃありません」と無理矢理に子供を寝かせて、「夫婦の寝室に絶対に入っちゃいけません」と言い渡すのです。

子供をベイビーシッターに預けてパーティに出かけたりもします。要は「子供を隔離して、何とかして夫婦の空間と時間を作る」のです。日本にはそういう伝統がないので、核家族化が、夫婦中心主義ならぬ、子供中心主義でなされたわけです。

柳田國男が日本の地域社会の特徴として見出したのが、子供中心主義。アングロサクソンみたいに厳しく躾《しつ》けるのでなく、祖父母が大事に甘やかす。それが核家族化に引き継がれました。だから、夫婦の時空間を作るどころか、いつも「子供まみれ」です。

デートを再現するという処方箋

どうすればいいか。簡単です。僕たち夫婦には、8歳、5歳、1歳と子供が3人いて、最近では4人目もいいね、という話も。しかし、そこで言いたいのは、「セックスは、すりゃいいというもんじゃない」ということです。

考えてみて下さい。子供まみれの状態で、寸暇《すんか》を見つけて5分10分で済ませるっていうのが、夫婦にありがちなセックスのやり方。僕は高校生になった当時（1974年）に夫婦のセックス持続時間の統計を見て、「こりゃいけない」と思いました（笑）。

夫婦中心主義とは、日常の時空間から離れて、非日常の演出にコストをかけること。僕たち夫婦は、毎月カレンダー上に「夫婦の日」を書き入れ、かなり前から保育所や親族に子供たちを預ける手配をして、独身時代の休日みたいに朝からデートします。

一緒に映画を見に出かけたり、二人の思い出の場所に出かけたり。天気が悪ければ、DVDやブルーレイを見たり、とっておきのランチを僕が作ったり。そうやって夫婦の時空間を作って、デートをした上で、ちゃんとセックスする。

日本的なセックスレス夫婦への対処法は、もうお分かりですね。日常と隔離された非日常性の時空を演出する。出会った頃のデートを再現する努力です。当時は「いい感じ」だったでしょう？　思い出せるでしょう？

「そういう感じ」の中にセックスを置くんです。ほらね、いつもの硬派な社会学者と違って「愛の伝道師」っぽいでしょう？（笑）。過去2年間やってきた恋愛ワークショップでは、こういうことに気づいてもらってきたわけですよ。

若者は性愛関係よりも友人関係を重視

続いて第二の謎。日本では過去10年でセックスレス夫婦が相当増えました。夫婦の子供中心主義は昔から変わらないのに、セックスレスが増える。冒頭に述べたように絶対値が不正確でも、相対値から読み取れる増加傾向は間違いない。

「もともと多い」ことに加えて「なぜ増えているのか」です。これも社会学的に説明できます。セックスレスの度合いは、年齢層で違います。と言うと、「そうね、年を取ればやっぱり回数が減るよね」という話だと受け取りましたか？

違うんだな、これが（笑）。巷《ちまた》では昨今「団塊の世代がセックスにとちくるっている」という特集がさんざんなされていて、昔の「鴨《かも》とクレソンの鍋《なべ》」「渡辺淳一の小説『失楽園』のストーリーで、不倫関係の主人公とヒロインがセックスしながら心中する直前に食べた料理のこと」の『失楽園』じゃありませんが、人は死ぬ前に性に執着するんですね……という話がしたいんじゃない。

逆です。ここで大事なことは、『愛のキャラバン』や『「絶望の時代」の希望の恋愛学』

で述べてきたように、「若い世代が性から退却している」こと。学生のカップルなどを見ても、「2カ月に一度やるかやらないかです」みたいなのが、キャンパスにあふれています。

僕が大学生の頃はどうだったでしょう。大学3年のときに数えたんです。そうしたら、年に400回やってました（笑）。まあ、いつも東京大学のキャンパスで手をつないで歩いていたから、有名だったんですけどね。

ところが、昨今の学生カップルはテンションが低いんです。一月に一度を割り込むのはザラです。いったいなぜ、こんなことになっているのか。理由の一つは、いろんな本に書いてきたことですが、カップルが「雛壇《ひなだん》にあげられる」こと。

昔は、いろんな小説や漫画に描かれてきたように、サークルや語学クラスで、寝取ったり、寝取られたりがよくありました。『「絶望の時代」の希望の恋愛学』で詳しく話した通りです。最近ではこれがありません。

カップルとして公認されると誰もさわらなくなるので、カップルであることを前提とした互いの友人関係のホメオスタシス（恒常性維持）の観点からも、たとえテンションが低くてもカップルである状態を保とうとする。

だから、恋愛していても、同性の友人関係が優位となります。女子で言えば、性愛方面にハマりすぎていると、同性の友人たちの間で「ビッチ」呼ばわりされます。だから、○△プレイみたいな情報や、歳の差恋愛の情報が、シェアされなくなりました。

「リスク回避」と「めまい回避」という背景

理由の第二は、「草食化」と呼ばれる傾向。「自分には性欲がない」と自己申告するタイプの男子たちを言います。よく覚えているんですけど、1990年に「性欲がない」という男子学生たちがキャンパスに陸続《りくぞく》と出てきたんですね。

最初は東大の医学部生との立ち話でした。「雑魚寝《ざこね》しても何もない」と言うんで、「んな訳ねえだろ。雑魚寝したら、とりあえず『する？』みたいに尋ねなきゃ、失礼じゃないか」と言ったら、「はあ？ そんな訳ないじゃないですか」と周囲の学生たちが続々参戦（笑）。

哺乳類の多くの種で精子が減少している昨今なので、社会学的な理由以前のものがあるかもしれません。ここでは「草食化」の理由をあえて社会学的に推定するとしますと、コミュニケーションの失敗を事前に取り除く「リスク回避」が考えられます。「リスク回避」の背景に、コミュニケーションが「肝胆相照《かんたんあいて》らすもの」から「場つなぎ的なもの」にシフトしてきた、という経緯があります。その結果、コミュニケーションの失敗が、かつてよりも過大に受け止められるようになったんですね。

さて「草食化」の、もう一つの社会学的背景が、「めまいの回避」です。めまいは、僕のワークショップでは「変性意識状態」と呼んでいて、性愛のキーだと告げています。若い人たちは、これを結構嫌がるんですよ。忘我《ぼうが》の状態を避けたがる、ということです。

セックスの醍醐味《だいごみ》って何だと思いますか？　めまいです。我を忘れること。僕の言葉で言えば〈ここ〉から〈ここではないどこか〉に出かけること。ハイデガーの脱目（エクスタシス）。フロイトがエロスとタナトスの近さを語ったことにも、関連します。

そう。人は、現実を忘れるために、セックスをするんです。ところが、昨今の若い人たちは「リア充」とか言うでしょう。馬鹿じゃねえの？　リアルというクソから逃避するために、セックスするに決まってるだろ。何考えてんだ、ボケ！

セックスで確からしくなるホームベース

という次第で、むしろ若い夫婦がセックスレス化しやすい状況にあることは、間違いないでしょう。日本の常識である夫婦のセックスレスは、世界の非常識です。でも、世界の常識のほうがいい、と単に言いたいわけでもない。

セックスレスでもかまわないのなら、勝手にすりゃいい。でも『「絶望の時代」の希望の恋愛学』でも強調したように、それは「めまい」と「ゆだね」から遠ざかること。究極の「めまい」と「ゆだね」を引き寄せたければ、セックスという選択肢を手放さないほうがいい。

だったら夫婦のセックスレスをどうにかしたいって？ そう思うのなら、夫婦の時空間を無理にでも作って、夫婦中心主義を意識的に自分たち家族にインストールして下さい。忙しい？ そんなの理由にならないぜ。僕だって忙しいよ(笑)。

そしてもう一つ若い人たちに。意識的に作り上げたそうした時空間は「ツラい現実から逃避するためのホーム」です。「めまい」と「ゆだね」に彩《いろど》られたホーム。それがあればこその絆。セックスを回避してそれを作るのは本当に大変だよ。まぁ好きにすりゃいいさ。

労働者を使い尽くすブラック企業はなぜなくならないのか

２０１５年7月に靴の販売チェーン大手、ＡＢＣマートで従業員に違法な長時間労働があったとして、東京労働局は労働基準法違反の疑いで運営会社を書類送検しました。ＡＢＣマート原宿店では、２０１４年４月から5月、20代の従業員２人にそれぞれ、月１０９時間と月98時間の残業をさせていたということです。

この会社では労使協定で、残業は月79時間までと定めていたということですが、今回はこれを完全に無視していたことになります。

労働者を長時間とことん使い尽くしたり、パワハラが横行するブラック企業は大きな社会問題になっているにもかかわらず、一向になくならないのが現実。

むしろ、労働問題による相談件数は増える一方だと言われています。

宮台さん、こうしたブラック企業がなくならないのはいったいなぜでしょうか？

「ブラック企業」問題を切り分ける必要

「ブラック企業」という言葉がインターネット上で使われ始めてから、随分時間が経ちました。その間、非正規雇用者がますます増えてきました。そんな中で、この「ブラック企業」という言葉が指し示すべきものも、ずいぶん変わってきてしまっているんです。だから「ブラック企業」という言葉で一括《ひとくく》りにされると、問題の切り分けが難しくなってしまいがちです。実際、何が問題なのか見通しが利かなくなっていると思います。まずは、そのあたりから整理をさせていただき、根本的な処方箋を提案いたします。

最初に「ブラック企業」の存在が世間的に大きな話題になったのは2008年の「ワタミ」事件［2008年、ワタミフードサービスに就職した女性が、入社後わずか2カ月で自殺。残業時間は1カ月で140時間にも及んでおり、女性の自殺は過労による労働災害であると正式に認定された］がきっかけです。これは「正社員の終身雇用制を前提とした、サービス残業による長時間労働の強制」でした。これは全体的問題の一部に過ぎません。

例えば、これは2014年に「すき家」で話題になった、非正規労働者による「ワンオペ」と呼ばれる過酷な夜間の長時間労働とは、方向性が違うものです。まず前者の「正社員の終身雇用を前提とした、長時間のサービス残業」。例えば、「霞が関官僚」にとっては、普通のこと。

それどころかマスコミ各社でも普通に行なわれています。皆さんも御存じの通りです。でも、これはABCマートの件と同じで、労使協定を締結して、労働組合側が「ここまではいいよ」という風に合意すれば、法的に全く問題ないということになっているのです。

これは「サブロク協定」と呼ばれるもので、労働基準法第36条に規定があるのでそう呼ばれます。だから「正規労働者の終身雇用を前提とした長時間サービス残業」については、労使協定を作ればエグゼンプション(除外規定)を持ち込めるので、長時間労働規制は事実上ザルです。

サブロク協定の交渉力を担保する労組

この場合、協定が会社の言いなりである可能性や、協定を会社が守らない可能性があるので、労使の交渉力のバランスが重要になります。その意味で、労働組合がある会社の労働者と、そうでない労働者との間では、交渉力の差による大きな利害の違いが生まれるのです。

日本の労働者は労働組合法で労働組合を作ることが認められています。詳しくは労働三権と言って、労働組合を作る団結権に併《あわ》せ、それをベースにして団体交渉する権利と、その結果次第でストライキという団体行動をする権利が、認められている訳です。

団結権・団体交渉権・団体行動権の三権は重要で、労組を作るのを妨害したり、労組からの交渉申し入れを拒絶したりすると、最悪、経営陣は罰金刑を超えて懲役刑を喰らいます。逆に、労組を作らないでストをすると、営業妨害で巨額の損害賠償を請求されかねません。

その意味で、小さな企業、新しい企業であっても、正規雇用の人たちはちゃんとした有効な労働組合を作って、労働三権をちゃんとした形で利用できるようにしておかなければなりません。さもないと長時間労働を規定したサブロク協定が有名無実になります。ちなみに、正規労働者には労組があるから大丈夫だとも言い切れません。かなり大きな会社でも、ちゃんとした組合じゃなく、何もしてくれない「御用組合」が多いからです。労使協定も不利だし、協定が破られても文句を言わない。そんなダメな労働組合のことです。

ちゃんと有効に機能する組合に加入し、組合として会社ときちんと交渉することができないと、労使協定を自分たちにとって不利なものにならないようにすることができないということです。組合があるのにブラック企業がなくならない一つの理由がこれです。

非正規労働者の見做《みな》し労働という地獄

繰り返すと労働組合を作ることが大事ですが、労働組合の結成は非正規労働者にとってハードルが高く、問題が深刻になりがちです。ちなみに、今回のＡＢＣマートの件は、昔から知られているタイプの「正規労働者の終身雇用を前提とした長時間サービス残業」

です。

むしろ深刻化しているのは、「非正規雇用を前提とした見做《みな》し労働（裁量労働）の押しつけ」です。非正規労働者と雇用者の間ではサブロク協定を締結できず、サービス残業は違法です。しかしそこに「見做し労働の押しつけ」がなされる。今日的なブラック企業です。

見做し労働はこの後で説明しますが、これについて、非正規労働者が戦うための有効な手段がなかなかない。個人でも入れるユニオン（労働組合）が一部にあるので、一人で悩まずにユニオンに入り、ユニオンを通し交渉するようにして交渉力を上げる必要があります。

今は工場で労働集約的集団作業をする人はごく一部です。取材してアイディアを練るマスコミ人や、僕みたいな研究者は、食事中に頭を使ったり仕事中に頭を休めたりして労働時間を厳密に計れないから、労働時間を自分の裁量で決めるしかない。これが見做し労働です。

ところが昨今、見做し労働の範囲を不当に拡張して、とりわけサブロク協定を結べない非正規労働者に長時間勤務を強制する動きがあります。これをどうチェックできるか。

これも最終的には労働組合を作って団体交渉し協定書を残さないと、チェックは難しい。

終身雇用の正社員という制度を廃止せよ

とはいえ、先に申し上げた通り、終身雇用を約束されない非正規労働者にとって、会社が嫌がる組合結成はリスキーです。他方、正規労働者には、昨今のように非正規雇用だらけの状況では、非正規に落とされたくなければ無理して働けという圧力が働きがちです。

こうした障害が生じるのは終身雇用制があるからです。第一に、正規と非正規の別なく同一内容同一賃金化を進めた上で、第二に、企業の都合でお金でカタをつけて解雇できるようにすることが大切になります。終身雇用を廃止し、国際標準化するのですね。

右肩上がりの時代がとっくに終わった日本では、終身雇用制は有害か、少なくとも役割を終えています。第一に、非正規労働者が増大する状況では、正規労働者は非正規労働者からのアガリを搾取《さくしゅ》しています。それで左翼系労組を名乗るのは、万死《ばんし》に値《あたい》する恥《はじ》晒《さら》しでしょう。

第二に、右肩下がりの時代なのに正規労働者を解雇できないので、労働調整のためにサービス残業をさせるしかなくなります。さもなければ、業績不振で賃金カット、挙げ句は倒産となります。正規労働者も倒産と非正規化が恐くてサービス残業せざるをえません。

終身雇用の正社員と、会社が契約更新を拒絶できる非正規労働者の区別がある現状を前提にすれば、団結権・団体交渉権・団体行動権の三権を有効利用する労働組合への加入が必要で、非正規労働者も弁護士がついたユニオンに個人で加入することが重要になります。

しかし、そもそもこの前提がおかしいのです。おかしい理由は今述べました。だから、これまで繰り返し「まず同一労働同一賃金化から出発し、やがて全職種・全組織で終身雇用制を同時に撤廃せよ」と申し上げてきました。これに対する理屈の通った反論は皆無です。

「仕事よりプライベート優先」の新入社員が増えたのはなぜか

2015年春に入社した新入社員に、「仕事」と「プライベート」のどちらを優先するかを聞いたところ、「プライベート」と回答した人が53・3％で、「仕事」と答えた人の45・1％を上回ったことが分かりました。

これは、就職情報サイトのマイナビの調査によるもので、「プライベート」との回答が「仕事」を上回ったのは、2011年の調査開始以来初めてだそうです。

また、「残業することを容認する」「仕事のあとも会社の人と過ごしてもよい」と答えた人の割合は、両方とも過去最低となりました。

他の先進諸国と比較すると日本の労働環境は、労働時間が大変に長いことで知られています。

宮台さん、「仕事よりもプライベート優先」と回答する新入社員の増加はどのように考えればよいのでしょうか？

プライベートの過ごし方3類型

今回はこの問題、「ここまで掘るか」と言われるくらい、深く掘りましょう。とても大事な問題がひそんでますからね。まず、会社へのコミットメントがなくなるのは当然なんです。これからは、企業寿命も短くなるし、労働法制も脱終身雇用化していくから、ですね。

前回も指摘したけど、今後は終身雇用制がなくなりますし、国際標準である「正社員を解雇すること」もできるようになっていきます。従って、会社に対して過剰に忠誠心を持ったとしても、報われません。であれば、忠誠心をなくしていこうとするのは、まあ合理的なんです。

問題は、会社に対する忠誠心が下がることなんかじゃない。それは当たり前。その分、プライベートにおいて何にコミットするようになるのか。それこそが問題なんです。そこで、仕事ではないプライベートな時間の利用＝コミットメントの仕方ですが、大体3つに分けられます。

第一に、巷でよくみかける発想が「個人のスキルアップ」です。例えば、資格取得や語学学習などに向けたコミットメントが上昇するということ。優等生的で、健全すぎる答えかな。まあ、いつも勉強していないと気が済まない「お勉強少女」「お勉強少年」が多いですからねえ。

第二は、「9時5時で仕事から離れて、好きな趣味に興じよう」というもの。実際、昨今はそういう人が多いですね。よいことです。面白い実例を思い出しました。僕がちょっと前にハロプロ関係のアイドルたちと一緒に舞台のイベントをやったときのことです。

壇上から「ここにいらっしゃる方々の多くは地方公務員ですよね？　はい、地方公務員の方、手を挙げて！」と言うと、半分以上、手が挙がる（笑）。なぜかと言えば、9時5時で仕事を離れられて、土日は完全に休み、という、アイドル好きにぴったりの条件があるからです。

中高生アイドルは学校があるので、営業は基本的に土日です。地方公務員になれば土日の営業に行けます。収入もあるから「明日は札幌だね」とパネルを掲げて追いかけられます。アイドルの歌に合わせて30代以上の髪の毛が薄い公務員がクルクル回っていたりする（笑）。

さて、僕が今回とりあげたいのは、三番目です。これが本来あるべき姿です。それは何か。仕事は仕事として、「自分のホームベース＝本拠地、つまり出撃基地であり帰還場所であるような場所を、ちゃんと作ろうじゃないか」という方向です。典型的には家庭や地域です。

表層の戯れに終始する男女関係

実はそこが危うい。今の若い人たちは、仕事の外側に、家族などのホームベースを作る力が著しく弱まっています。以前もお話しした性的退却がこれに関係します。18歳以上の未婚男女の交際率（恋人がいる割合）がいちばん高かったのは1992年です［社会保障・人口問題研究所］。

若者の性体験率が最高だったのは男子は1999年（大学63％、高校26％）、女子は2005年（大学61％、高校30％）です。しかし最近（2011年）は男子（大学54％、高校15％）も女子（大学46％、高校24％）も激減［日本性教育協会による2011年第7回「青少年の性行動全国調査」参照〕。大学生男子は9ポイント減、大学生女子は15ポイント減です。

これらは目に見える性的退却ですが、問題はこれに留まらず、もっと深いところにもあります。交際相手がいる場合も、相手の心の中に深く入ることをしないことです。深く入ると、自分と相手の間に共通性がないことがバレるので、深く入らず、LINEに象徴される戯《たわむ》れを永久に続けるのです。

アラン・チューリング〔1912〜1954、イギリスの数学者、コンピュータ科学者〕がコンピュータの性能を調べるために、隔離された部屋にある「何か」と対話し、「何か」がコンピュータか人か区別できるかという「チューリング・テスト」を考えました。LINEでの戯れはコンピュータが相手でもできる。ならば相手は入替可能な部品に過ぎない。

LINEに限りません。若い人のスマホでのメッセージのやりとりの大半は、相手が人間じゃなくても大丈夫。LINEのやりとり程度ならコンピュータ(チャット・ロボット)でも扮技できます。コンピュータ云々を横に置けば、相手が「その人」じゃなくても大丈夫ということ。深さがないのですね。

こうした深さのない言語的戯れの延長線上で、若い人の多くはセックスし、「つき合ってる」という話になります。相手の内面に入り込んで「相手の心に映ったものを自分の心に映す」ことをせず、「見たいものだけを見て、見たくないものを見ない」。そこに相手の唯一性はありません。

そうしたつき合いなら、相手のオーラに反応できないし、相手の本気度を評価することもできません。相手が別の人と浮気していても気づかないでしょう。これが過去2年間のワークショップなどで見出した若い人たちの、標準的な性愛関係です。これで「つき合っている」と言えるのか?

浅い友達関係ならそれでもいい。でも彼氏彼女とか親友とかの関係で、それはないでしょう。相手がどこの誰でも務まる、会話とすら言えない言語的やりとりが延々続き、その延長上で、何を深いところで共有しているか分からない相手を、「恋人です」などと称する。馬鹿じゃないのか。

そんなんじゃ、揺るぎない家族なんて永久に作れないよ。家族でなくてもホームベースなんて無理。EU統計によれば、育休を取らない男ほど40歳代以上になるとモチベーションが続かない。ホームベースを作れないと、40歳代以上になったら仕事の意欲も失われるんです。

性的に過剰であることはイタイ

なぜこうした深い関係からの退却が進むのか。歴史を80年代に遡ります。性教育研究会の調査によれば、若い男女（高校・大学）の性体験率は80年代に倍増します。特に女子が著しく、男子の性体験率を抜きます。その結果、80年代半ばに、目に見えない性的退却が進みました。

79年に創刊された雑誌に『マイバースデイ』と『ムー』があります。最初は恋愛おまじない雑誌『マイバースデイ』が人気で、〈性に乗り出せないという悩み〉を抱えた子が読みました。それが86年を転機に『ムー』人気にシフトし、〈性に乗り出したがゆえの空虚〉が前景化します。

86年の人気ナンバーワンアイドル岡田有希子《おかだゆきこ》の自殺事件を機に、『ムー』のお便り欄で前世の名前を名乗って少女たちが仲間を募り、岡田有希子と同じ方法で一緒に飛び降り自殺するブームが起こりました。あまりに連続したので、若年者自殺の統計的特異点を形成しました。

巷では30歳以上離れた男との恋に破れたことが取り沙汰されていました。でも当時ナンパで出会った若い女子の多くは、容姿にも才能にも恵まれたアイドルが30歳以上離れた男へと向かわざるをえなかった「性愛の不毛」に感応していました。〈性に乗り出したがゆえの空虚〉です。

僕はかかる性的退却についてのリサーチを2000年にZ会の名簿を使ってやりました。両親は愛し合っていると思う大学生とそうでない大学生に分けると、前者は、交際率が高いが経験人数は少なく、後者は、交際率は低いが経験人数が多い、という対照的な結果になりました。

こうした〈性に乗り出したがゆえの空虚〉は、88年以降のお立ち台ディスコブームや素人AV出演ブームや読者ヌードブームなど、一連の〈男の視線を経由しない性愛の戯れ〉の隆盛を招きます。実は、その延長線上に、93年以降のブルセラ&援交のブームがありました。

ブルセラ&援交を93年に発見した際、こうした流れを知る僕は「とうとうそうなっちゃったわけか」という感じで、少しも驚きませんでした。ちなみにこの発見を『朝日新聞』に書いたら僕の元に取材が殺到し、数百人の女子高生ネットワークをマスコミに繋《つな》げたらすべてのチャンネルが援交でもちきり。援交ブームになりました。

マスコミ熱を背景にフォロワーが参入すると、援交が〈自己提示ツール〉から〈自傷ツール〉に変じました。折しも95年秋からは「エヴァンゲリオン」ブームと共振してAC（アダルトチルドレン）ブームになります。援交する子は自傷系の代名詞みたいになっていきました。

それで援交などの性的過剰はカッコ悪いとのイメージが拡がる。結果〈援交第一世代〉が退却して〈援交第二世代〉に交替すると、カッコいいリーダー層の子が援交から退却します。ちなみに、96年のピーク時に高校生だったか、それ以降高校生になったかで世代を分けます。

リーダー層の子は援交から離脱して「ガングロ化」します。ガングロには〈男たちの視線を遮断《しゃだん》する機能〉がありました。新参のフォロワー層を象徴するのが「白ギャル」。ガングロたちは「ウチらはもうやらないよ。今やってるのはあそこにいるみたいな白ギャル」と指さしました。

かかる次第で、ガングロ化に並行して〈性的に過剰であることはイタイ〉との意識が拡大しました。リーダー層はストリートから退却し、24時間出入り自由な友達の部屋に屯《たむろ》する〈お部屋族化〉しました。女子における〈性的な過剰を忌避《きひ》する営み〉の出発点がここにあります。

リアルに過剰に拘《こだわ》るのはイタイ

男子はどうか。援交ブームの最中、高校の先生の協力で、援交の是非をめぐる高校生討論会を幾つか開催し、司会しました。肯定側は必ず女子が多数になり、否定側は男子が多数になりました。昔ならマドンナだったはずの子が「カネで横取りされている」と感じていた男子にとって自然です。

先日もある学会でこの話をしたら、〈第一世代〉と同世代の男性らがあとで寄ってきて、「本当にキツかったっすよ、可愛い子がブランドものを持っているだけでウチラはこそこそ噂してましたから」と述懐していました。僕自身も似たエピソードを山のように知っています。

その一つ。恋い慕う美しい女子にコクったら援交している事実を告白された男子が、どうしたらいいのか分からないと僕に相談してきたことがあります。当時はよくある話です。16歳の高校1年生だったその男子は、今は日本とフランスを行き来するジャーナリストです（笑）。

96年、院ゼミ男子の7割がギャルゲーマニアだと知った僕が「生身の子とヤレないからって逃げんなよ」と言うと、ある男子が「違います。童貞じゃない僕らは、リアルな子がゲームの中の子と同じように振る舞うのだったらセックスしてやってもいいという感じ」と答えました。

彼は「今時リアルに拘《こだわ》るのはイタイんですよ」とも言いました。96年という同じ時期、援交に自意識のイタさを見た女子が〈性的に過剰であることはイタイ〉と忌避し、援交に女子の得体の知れなさを見た男子が〈リアルに過剰に拘るのはイタイ〉と忌避し、シンクロしたのです。

共通して「セックスできないから性的退却に向かったのではない」のがポイントです。実際、性的領域に限らず、90年代後半には〈過剰さというイタサの忌避〉が一般化しました。例えばオタク界隈では〈蘊蓄《うんちく》競争に過剰に拘るのはイタイ〉という感覚が急速に拡がりました。

蘊蓄に過剰に拘ることはイタイ

当時取材で立てた仮説を披露すると、背景はインターネット化による〈過剰な島宇宙化〉です。ネット上で行われているのは〈摩擦係数の低いコミュケーション〉です。マイナーな趣味の同好者をピンポイントで検索できるし、匿名性が〈表出の困難〉と〈尊厳の困難〉を無関連化してくれます。

〈表出の困難〉とは、相手の目を見られないとか赤面するとか手が震えるとか。〈尊厳の困難〉とは、小6にもなってウンコ漏らしたとか。後者については、福音書によれば、イエスも故郷では奇蹟を行なえなかったとあります（笑）。

ネットはこれら困難を回避させます。それゆえ〈摩擦係数の低いコミュニケーション〉になります。すると、ピンポイント検索の便宜《べんぎ》もあって、〈過剰な島宇宙化〉が促進された上に縦割りとなり、人々は〈見たいものしか見ないコミュニケーション〉に淫《いん》しがちになります。

こうした〈過剰な島宇宙化〉は二重の不合理を招きます。第一に、ネットの小規模な島宇宙にハマるとオフラインの友達がますますいなくなる。第二に、島宇宙が多すぎると「二重の選択性」（ニクラス・ルーマン）の第一段階に負荷が掛かりすぎ、選択の全体が難しくなります。

二重の選択性とは言語の概念的使用に関わるもので、「まず選択前提ないし選択地平を選択し、その上で項目を選択すること」を言います。「何聴こう?→ジャズ聴こう→マイルスを選ぼう」みたいな感じです。ところがジャンルが細分化すると「ジャズ聴こう」の段階で蹟《つまず》きます。

こうした逆説への気づきが90年代後半に拡がった結果、97年を境にオタク的コミュニケーションが〈蘊蓄競争〉から〈シェアの戯れ〉にシフトします。並行して、複数の島宇宙を股に掛ける〈多重帰属化〉と、相手次第で島宇宙を切り替えする〈社交ツール化〉が生じました。

社会に適応すると性愛が空洞化

こうした経緯を見ると、⑴女子の性的過剰の回避と⑵男子のリアル過剰の回避と⑶オタクの蘊蓄過剰の回避の、シンクロが偶然でないことが分かります。共通して「何事につけ過剰さがコミュニケーションを困難にする」との意識ゆえの〈過剰さというイタさの回避〉があります。

これだけ流動性が高く多元的になった社会では、「深くコミットする」「相手の中に入る」といった営みはリスキーです。逆に言えば、過剰さを回避しないと、人間関係を安定的に維持できなくなります。そうした社会状況への適応のために、浅く表層的に戯れようとするのでしょう。

ところが、近代の性的領域においては、「偶然を必然に変換すること」あるいは「内在に超越を見ること」で、タダの女（男）を運命の相手と見做します。この作法が、ドイツ流の民族ロマン主義に対するフランス流の性愛ロマン主義で、それが近代の家族形成原理になったんです。

近代社会では、性愛と国家の両領域で、ロマン主義を必要としてきました。普通の女（男）を運命の相手と見做すことで家族形成が可能になり、ただの集団を崇高なる故郷と見做すことで国民国家形成が可能になるからです。両者は並行して19世紀に育て上げられました。

「ただの女（男）を運命の相手と見做すことは如何に可能か」。18世紀末以来のフランス恋愛文学における基本的問題設定です。回答として見出されてきたのは、相手の心に映るものを自分の心に映すこと、そしてそれを前提に時間をかけて苦難に満ちた関係の履歴を積み上げること。

そう。表層的な戯れの延長上に、必然的な関係なんかできるはずもないんです。「諦《あきら》めて世間に従っている」のではダメです。互いに相手の心に深くダイブする者たちだけが、性愛を通じて絆を作り、それをベースに家族を形成し、ホームベースを作ってきました。

国家形成と家族形成と変性意識

近代化とはマックス・ウェーバーによれば「計算可能性の上昇をもたらす形式的手続きの一般化」のこと。ところが民族ロマン主義も性愛ロマン主義も「戦争」や「苦難」に象徴される〈変性意識状態〉［日常的な意識状態以外の意識状態のこと］を不可欠とします。〈変性意識状態〉は計算不能だから、近代化にとって実は異物です。

別の言葉で言うと、近代化の核である計算可能性の上昇は、言語の概念的使用を不可欠とします。ところが、性愛も愛郷心も、言語の概念的使用に収まらない感情の作用です。ヒトが4万年前まで言語を使えなかったという長い歴史に関連するものです。

とはいえ、そうした〈変性意識状態〉を媒介項とした国民国家形成や家族形成があって初めて、資本主義的市場経済（を支える法形成や、感情的回復を含めた労働力再生産）が持続してきた。今のところ、国民国家抜きの資本主義も、家族抜きの資本主義も、可能性がありません。

少子化対策として行政や民間がマッチングサービスを提供していますが、表層の戯れしか知らぬ者たちは、家族を持続可能には営めません。自己啓発の一環としてのナンパ講座が流行っていますが、セックスを通じて絆を作ることができない輩はセックスしてもそれで終了です。

どうすれは良いか。問題の本質は、幾つかの方向から述べたように「社会に適応すると、性愛が不全になり、ホームベースが作れなくなる」こと。であれば、「社会に適応するのをやめ、適応するフリで留めることなしには、性愛不全から脱却できない」ということになります。

「流動性が高く多元的で複雑な社会に適応するには、過剰さによるノイズを持ち込まないために、相手に深くコミットしない」をベタに実践したらダメ。社会に適応する「フリ」だけでいい。そもそも社会はクソ。クソな社会に適応しきったら、頭の中もクソになっちゃうぜ。

実際、若い人は頭の中がクソになっちゃって、表層的なメッセージのやりとりで意味のない戯れを続け、性愛から見放されてるじゃないか。そういうことはやめて、社会に対する適応は「ほどほど」にする。繰り返すと、表層的な戯れの中で、充実したプライベート空間なんて作れないよ。

だから、「仕事はほどほど」っていうのはいいんですが、「仕事はほどほど」の後に何をしているんだよ？ってことです。プライベートを重視するのではなく、プライベート空間でホームベースを重視しろってことです。専《もっぱ》らそこに注意を集中しないと、一人寂しく死にます。それでいいのか。

「すべての女性が輝く社会づくり」は政府の暇つぶし政策なのか

政府は2015年6月に「すべての女性が輝く社会づくり本部」の会議を開催し、今後1年間に実施すべき「女性活躍加速のための重点方針2015」を決定しました。

妊娠出産に絡む女性への嫌がらせ、マタニティハラスメント防止のための法整備に取り組むことが柱となっています。

また、内閣官房［内閣総理大臣を直接に補佐および支援する内閣の補助機関］は「女性が暮らしやすくなる空間へと転換する象徴」としてトイレ、特に公共トイレの改善を掲げたり、輝く女性応援会議の公式ブログで「毎日キャラ弁を作るお母さん」を紹介したりしています。

しかし、これについてネットを中心に、「は？　輝く女性対策でトイレってどういうこと？」といった声や、「弁当作りが女性の仕事と決めつけているのではないか」など、批判的な意見が相次ぎました。

宮台さん、このような政府の「女性が輝く社会づくり」は、いったい何を意味しているのでしょうか？

何でそれが「女性向けの政策」になるのか説明しろ！

久々に大爆笑しました。内閣官房は随分ヒマじゃないか！　トイレが快適になれば女性が輝く？　はっ？　なんで「女性が」なの？　誰もが使うトイレだろ？　快適になれば男性も輝くぜ？　子供も輝くぜ？　馬鹿言ってんじゃないよ、内閣官房！　幾ら何でもヒマすぎるだろ。

キャラ弁、ミッフィーやアンパンマンなどの顔をお弁当で再現するキャラクター弁当のことですが、だからなぜ「女性が」なの？　キャラ弁作るお父さんだったら一層素晴らしいだろうが。なんでそれが女性政策になってるんだよ、内閣官房！

もちろん母親がキャラ弁で愛情を表すこともあるでしょうよ。しかし父親がキャラ弁で愛情を表すことだってできるぜ。だったら何で弁当を女が作らなきゃいけないんだ、コラ……といった問題に切り込めよ、内閣官房！　後で言うけど、そこにポイントがあるんだろうが。

「待機児童を減らす」などは既に政策としてメニューに組み込まれているので、と内閣官房が姑息《こそく》な言い訳をしている。だとしても、出てくるアイディアがこのショボさ。とてもじゃないが、言い訳にはならない。今、働く女性にとっての最大の問題が何かが、分かってない。じゃ、言おうか。

第一は、総合職で働く女性たちの勤務が過酷すぎる現実。簡単に言えば労働時間が長すぎる。1日あたり労働時間は、日本が男性375分、女性178分。フランスは男性173分、女性116分［OECDによる。「Balancing paid work, unpaid work and leisure」］。男性で倍、女性でも1・5倍も長い。ドイツはフランスより長いけどそれでも日本よりずっと短い。

第二に、その総合職に就いている女性が妊娠や育児などをするということになると、その人たちを救うためにという名目で、「一時的軽減措置」というメニューが最近の企業で提案されている。企業名は言いませんが、実際にはこれもお為ごかし。想像すりゃすぐ分かること。

例えば、一度、一般職に配置転換されて、子育てが一段落したら、また総合職に戻れる仕組み。あるいは、名前は総合職なんだけど「特定総合職」、つまり、転勤がないとか、労働時間も一定枠内、という具合に条件の限定された総合職に就いて、やがて元に戻る仕組み。

ところが、これらは利用する女性総合職の割合が少ない。理由は簡単。出世街道から横道に逸《そ》れる、つまり、昇進競争に乗り遅れるからなんだ。せっかく総合職で頑張ってきたのに、昇進が遅くなって後輩たちに抜かれると思えば、利用したくないのも分かる。

こういう風になるっていうことは、諸外国の例から既に分かっていることです。であれは、やるべきことは、実に簡単。今まで通り総合職を続けながらも、自由に子育てができるように、「総合職そのものの労働条件を改善する」。いちばんなのは労働時間を短くすることとです。

繰り返すと、総合職の女性の妊娠や子育てに関する支援をしたい場合、総合職のままで支援しなければ、公正な制度として意味がありません。ところが、女性のためと称しつつ、総合職の女性に、オプション的に「一次的軽減措置」と称して、出世街道から逸らせる。あまりにも愚昧です。

一見よいように見え、そう書いている馬鹿マスコミもあるが、こうして、マタニティハラスメントに数えられる「妊娠を理由に女性を降格させる」のと同じ機能を、女性が自分で選んだという口実で調達できるわけ。少し考えれば分かる。これを問題にしろよ、内閣官房！

「女は男に近づけ」と「男は女に近づけ」を同時に言え

二つ目として言いたいのは、さきほどのキャラ弁。日本では相変わらず、女性に対して「仕事をしてもいいよ、だけど家事もね」というのがすごく多いんですよ。ちなみに日本の男の家事への参加時間が非常に短いことは国際的な比較データとしてはっきり分かっています［日本男性の育休取得率は１・89％、スウェーデン78％、ノルウェー89％（２０１２年）。日本男性の家事参加は１時間７分、スウェーデン３時間21分、ノルウェー３時間12分（２０１４年）］。

日本の男の家事参加は、せいぜいお風呂掃除とかゴミ出し。そんなことは、家事参加とは言えないよ。会社に行く途中にゴミを出せばいいだけだろ。そういうことじゃなく、洗濯をし、料理を作り、子育てに平等に関わる。これが非常に重要です。もちろん僕はやってます。

でも、そのためには日本の労働法制や労働慣行が変わらなければダメ。男性の育児休暇の取得率が今の20倍以上になり、それがなおかつ不利益にならない制度が必要です。何らかの不利益を被《こうむ》った場合に、その会社にペナルティが課せられる制度がなきゃ、ダメなんですよね。

その意味で、女性の問題というのは男性の問題でもあるんです、当然だけど。女性の妊娠・育児に関わる負担軽減の旗を振るなら、男性の仕事に関わる負担軽減の旗も、同時に振らなきゃいけないの。昔の性別分業から見て、女が男に近づくだけでなく、男も女に近づくこと。

内閣官房は「男が女に近づけ」ってことが全く分かってない。どれだけ低レベルの役人だらけなんだ。それで結局「仕事をしてもいいよ、だけど家事もね」という風に女性が二重負担になっちゃうから、女性が働けないいんじゃないか。あるいは子育てできなくなっちゃう。どっちかを選ぶしかなくなるんだよ。

この現状を変える。これが大事なことなんです。それが、何がどう「キャラ弁」に関係あるのか、答えてみろよ、コラ、内閣官房!!　総合職で働く女性を総合職のまま支援しろよ。事実上の自発的降格措置になるようなオプションを設けるのを、企業に許すんじゃねえよ。

女性に「働け」と奨励するんだったら、対称的に、男性に「家事と育児をやれ」と徹底的に奨励しろよ。いったい何やってんだ。家事をやれと言っても「いや、やったことがないんで」みたいな言い訳をするクソ野郎だらけ。公教育を何とかするように提言しろよ、内閣官房！

「経済回って社会回らず」の現実を何とかする

女性はそういうクソ野郎と結婚するな！（笑）。これは大事なこと。そうすれば結婚したい男性も学ぶよ。短期的には少子化に拍車がかかろうが、かまわない。家事をやらないクソ野郎と、男に家事をやらせようとしないクソ政府こそ、長期的な少子化要因なんだからな。

ちなみに僕は、朝食も作るし、弁当も作ります。幼稚園への送りは僕がやることが多い。そんなことは当たり前だ。えらくも何ともない。幼稚園の送りをして分かることがあります。いつも同じお父さんにお会いするんです。僕のところだと、いつもお会いするお父さんは5人ぐらいかな。

会社の問題で幼稚園に送る時間に合わないのかもしれないけれど、子育てにきちんと参画《さんかく》するという意識があるお父さんが限られているのも確実にあると思う。男の多くが、子供の送りに配慮しない会社になんか就職しないぞ、って思えば、人材がとれないから、会社だって変わる。

国際的には、むしろこれが常識なんです。そういう社会的な合意を作るためにも、「経済を回すために男をフランスの倍働かせる」ってことが異常なんだから、これをまず何とかしろよ、ということです。当然ですが、女性だけじゃない、男性だって長く働きすぎなんです。

それだけ長く働かないともたない経済なの？　そんなの、潰せよ！　何のために働くんだ。働くために働くなんて、意味がない。日本より格段に短い労働時間で、国際競争市場で戦ってる国民国家があるわけだろうが。倍働いてやっと保てる経済。それで日本が経済大国だ？　馬鹿か。

日本人はフランス人より男は倍、女も1・5倍働いて、この程度。しかもこれはパートを含めて均《なら》しての話で、総合職の人はもっと働いている。さらに今後は残業代を払わない「ホワイトカラーエグゼンプション」も導入されるから、いよいよ厳しい労働条件になる可能性がある。

こういうのは経済の問題じゃないんだ。社会の問題です。社会を生きる僕たちの問題です。社会が分厚くなければ、最終的には「経済回って、社会回らず」ということになるしかない。そうなると、経済がポシャった途端、社会の穴に落ちて、人がどんどん死ぬ。

実際にそうなってるでしょ。それが1998年からの自殺者の急増なんです。97年はアジア通貨危機が波及し、山一証券や北海道拓殖銀行などが倒産した。いろんな会社が潰れた。経済が回らない状態になって、社会の穴に落ちた人たちが多数死んだ。構造は何も変わっていない。

社会を回すために経済があるんじゃないの？「経済回って社会回らず」なんて本末転倒じゃん。いったい何のために生きてるんだよ。経済が回らなくなったら自殺者が急増って何なの。いずれはまた経済が回らなくなる。経済を回すのを優先順位筆頭にして、どうするつもりだ。

経済を回すために長時間労働して社会を空洞化させる。おかしいと思わないの？女性の話に戻せば、公共交通機関でベビーカーを利用する女性を蔑《さげす》む輩や、子育て夫婦なんかに俺の税金を使うなとホザく非モテ独身男が、珍しくない。いやはや本当に国辱もの。

安倍晋三を応援してるヒマがあったら、こういう馬鹿に対してこそ愛国者は激昂《げきこう》しろよ。そして内閣官房は、こういう馬鹿をのさばらせない対策をとれ。最初に「内閣官房はヒマすぎ」と言ったが、頼むから、幾らヒマでも、こんなにトンマなことをぶち上げて外国にまで恥を晒すのはやめろ。

ＩＳＩＬの処刑映像を
あなたは子供に見せられますか

２０１５年２月に名古屋市東区の市立小学校５年生の社会科の授業で、過激派組織ＩＳＩＬ（イスラム国）に殺害されたとされる日本人男性とみられる遺体が映った画像を20代の女性担任教諭が使用したことが分かりました。市教育委員会は「不適切だった」と謝罪。市教委によると、その女性教諭は授業で静止画像２枚を教室のテレビに映したと言います。人質となった湯川遥菜《ゆかわはるな》さんとみられる遺体と、後藤健二《ごとうけんじ》さんとみられる男性が覆面姿の男の隣でひざまずいたもの。ぼかすなどの画像修正はありませんでした。授業のテーマは「情報化が進むことによる利点と問題点」とし、「どこまで真実を報道することがよいか」を議論させていたということです。「軽率」「小学生が見ていいものではない」「非常識だ」といった批判の一方、「家に帰ればネットで見られる」「子供に現実を見せるべき」といった擁護の意見もあり、賛否両論が渦巻いています。

宮台さん、これは一体どちらの意見が〈常識〉あるいは〈非常識〉なのでしょうか？

メディアリテラシー教育に無知な論評の数々

まず、賛否問わずネットで論評してる人の多くは、実際この映像を見ていなかったり、あるいは、背景情報をほとんど知らないでマスコミの報道を鵜呑《うの》みにしていたりする人たちですね。それは論評を読めばたちどころに分かります。

この小学校で行なわれていた授業を説明しましょう。名古屋市東区《ひがしく》の山吹《やまぶき》小学校5年生の情報リテラシー教育「情報をいかす私たち」というものでした。この回のテーマは「情報化が進む利点と問題点」。

具体的には、「マスコミが情報を事前にフィルタリングする問題」、例えば「残虐《ざんぎゃく》な映像を遮断《しゃだん》するのは是か非か」などについて、是のグループと非のグループに分けて討論させるもので、非常に有効な授業計画だと思われます。

ただし、事前に「見たくない人、ショックを受けそうだと思う人は下を向いていなさい」といったアナウンスをしたことによって、35人中の5人が、映像を見ないで下を向いたことが報告されています。

第一に、こうした情報を知った上で基礎教養を踏まえて議論をするかどうかで、話は全く違ってきます。例えば、「メディアが自粛《じしゅく》しているのになぜ学校で流すんだ」という頓珍漢《とんちんかん》な意見があります。実はこの発言は教育委員会のメンバーによるものです（笑）。しかし、メディアリテラシー教育の本義は、「メディア表現の適切性を判断すること」。まさに「残虐な映像を遮断するのは是か非か」がそれ。新聞やラジオ・テレビが流した情報を鵜呑みにするのでなく、情報が適切か否かを評価する力がメディアリテラシーです。

「メディアが流さなかったものを、学校で流していい訳ないだろう」ですって？　ありえません。メディアが流さなかったことの是非を、評価する能力を養うのが、メディアリテラシー教育だからです。トンマな教育委員はメディアリテラシー概念を学び直して下さい。

時代や文化が変われば適切性は変幻自在だ

第二に、「メディア表現の適切性を判断すること」と言いましたが、大事なことは「適切性」は時代や文化によって変わるということ。例えば今回で言えば「そんな映像、ネットでいくらでも見られるぜ」と言われるような状況があることも、適切性の判断を左右します。

かつては小学生にとっての動画情報と言えばテレビしかありませんでした。でも今はインターネットがあります。テレビしかなかった時代と違い、テレビが抑制してもネットで「不意打ち」に遭《あ》う可能性が多々ある。ならばテレビの抑制の目的や意味を問い直すべきです。

少し遡ります。1970年の三島由紀夫《みしまゆきお》の自殺。1986年の岡田有希子《おかだゆきこ》の自殺。どの新聞でも三島由紀夫の首がごろんと転がっている写真が見られ、『フライデー』には岡田有希子が投身自殺をして下に落ちて叩きつけられた写真が掲載されました。でも「子供が見たらどうするんだ!」といった議論はほとんど出ませんでした。あるいは東南アジアに行くと、国によってはクライムマガジン(犯罪雑誌)があって、タイのコンビニに行けば「溺死体《できしたい》の専門雑誌」とかが普通に売られています。

あのね、今はグローバル化の時代なんでしょ? 子供たちが日本の中から今後も出ないわけ? 旅行や仕事で外に行くこともあるし、海外で生活する可能性だってあるぜ。

実際、いろんな国があり、いろんな情報環境があります。

なのに、度肝《どぎも》をぬかして「タイは不届きな国だ！」とかってホザくの？　実際、そういう若い連中が、例えばピースボートなんかにたくさん乗船しています。それは僕が実際に乗船して確かめました。免疫のない頓珍漢な輩は、国際親善にも障害になるんです。日本国内しか知らない輩が、外国に出て、日本国内で異常視されることを目撃すると、「この国はダメな国だ！」とガナる。こういうパターンが、若年層にますます増えてきました。こうした勘違い野郎を生み出さないための、メディアリテラシー教育なのです。

年長世代が平気なのに年少世代を過保護に扱うな

小学5年生に判断を任せるのはどうか、という意見もあります。これに関する実例があります。僕は1970年に小学5年生。三島由紀夫の遺体写真を見ました。というか、クラス全員が見ました。それで僕たちおかしくなってますか？

「おかしくなってるじゃん宮台の頭」とか言わないで下さい（笑）。昔はゾーニングなんてなく、性的なものと非性的なものの隔離もなかった。祭りの無礼講《ぶれいこう》も子供から可視的でした。でも年長世代がおかしく育っているかと言ったら、そんなことないでしょう。

それを考える必要があります。小学5年生と言っても、いつの時代の、どこの国の、小学5年生を、なぜ問題にするのか？　そこがポイントです。僕がピースボートで直面した若い輩の愚昧な営みが、なぜ日本人に見られるのでしょう。

簡単です。教育する側も、教育される側も、日本が全てだと思っているからです。こうした田舎者は、国内メディアによってフィルタリングされた情報にだけ接触し、そこから得た世界のビジョンを「世界だ！」と思っているわけです。

また、「小学5年生に映像を見せる必要はあるのか。言葉で十分なのではないか」と言う人もいます。十分じゃありません。映像を見せなければダメです。なぜなら、課題は感受性の免疫だからです。ピースボートで目撃した愚昧な輩の出現は言葉じゃ防げない。

そもそも、この問題を論評してる人が、授業が適切か不適切かを、映像を見ないまま議論しているでしょう。単にナンセンスです。映像を禁止してしまうことの意味は、こうしたナンセンスの大量生産として現れます。

もう一度、メディアリテラシーを確認します。「メディアが流した情報を鵜呑みにせず、報じられた情報が適切なのかどうかを評価すること」。メディアがフィルタリングしたことも含め、適切かどうかを判断できるようにする。それがメディアリテラシー教育です。

ワクチン注射の副作用問題と類似した構造がある

ショックを受ける子が出てくるのを完全に防ぐことはできませんが、完全に防ぐ必要もありません。メディアリテラシー教育の多大な意義があるからです。ショックを受けた子をサポートする責務を、担任の先生だけでなく、校医を含めて学校が負えばよいだけです。

つまり、ワクチン注射などと同じで、既知《きち》の副作用に対する準備をするべきではありますが、副作用が少しでもあればワクチン注射はダメ、という愚かな話にはなりません。その意味で、ワクチンのサポート体制と、メディアリテラシー教育のサポート体制は、同じです。

ワクチン注射には、副作用のネガティブ面もあるけど、免疫の形成というポジティブ面もある。メディアリテラシー教育にも、副作用のネガティブ面もあるけど、免疫の形成というポジティブ面もある。そこから先は、比較衡量《こうりょう》と、副作用最小化の努力の問題です。

僕はずっと、青少年の問題［有害図書などをめぐる18歳以下の青少年保護育成条令に関する問題］に関わってきて、「そんなことをしたら青少年が傷つくじゃないか」という意見を耳にしてきました。こういう意見を言う輩に限って青少年に尋ねていない。僕に言わせれば、「じゃあ、まず青少年に聞けよ」ということ。どれほど傷ついたのか。どんなショックを受けたのか。それを尋ね回ることもせずに、昔の時代に平気だった自分を差し置いて、「子供に見せたら傷つくじゃないか」。臍《へそ》で茶を沸《わ》かします（笑）。

繰り返します。「子供の一部が傷つくことに備えてサポート体制を作れ」との意見には賛成です。「子供が傷つくからメディアリテラシー教育をやめろ」は頭が悪すぎです。ポイントは、目的を見据えた利害得失。メディアリテラシー教育には大きな利益があります。

今回の問題では、ネット世論の大勢は「子供にそんなもの見せてよい訳ないじゃないか！」。これが常識ですか？　いいえ、非常識。僕はそういうトンマな人に問いたい。

あんた、映像見たのか？　子供に尋ねたのか？　それもしないで偉そうにブッてんじゃねえよ！

青山学院大学学園祭の「ヘビメタ禁止騒動」は何が問題だったのか

青山学院大学の学園祭実行委員会が、２０１５年10月に相模原《さがみはら》キャンパスで行なわれる「相模原祭」の屋外ステージについてツイッターである発表をしました。

それは「デスメタルやヘビーメタルなどのジャンル以外でのバンド演奏を募集」というものでした。つまり「ヘビメタは禁止」というもの。

ネットでは炎上、反発のコメントが殺到しました。

これはいったいどういうことなのか。青山学院大学学生生活課を通じて、相模原祭実行委員会に詳しく取材したところ、次のような回答が得られました。

「相模原祭は地域に根付いた学園祭を目指しております。昨年、メタル系のバンドが屋外ステージで演奏をし、見に来ていた子供やお年寄りが怖がってしまったため、今回は屋外ステージではそのような演奏を行なわないと決めました。屋内では従来通り可能です」

宮台さん、青学の学園祭「ヘビメタ禁止」騒動はいったい何が問題なのでしょうか？

多摩化がもたらした大学と近隣の疎遠さ

まさに屋外だからこその爆音ロックでしょう、轟音《ごうおん》ノイズでしょう！……などという個人的な好みは後にまわしましょうか。今回の件について言えるのは、明らかに実行委員会側の過剰反応、簡単に言えば常識の足りなさです。最初のキーワードは「多摩化」です。

1977年の中央大学の多摩移転を皮切りに、東京近辺で大学の郊外移転が始まります。旧キャンパスと違って新キャンパス周辺には学生街がないので、学生と商店街を中心とする地域住民の交流が消え、屯《たむろ》できなくなった学生同士の仲も疎遠になりました。

青山学院大学の相模原キャンパス。もともと青学は1980年代に「森の里」という厚木の外れにキャンパスを移転したのが、あまりに交通の便が悪くて不人気になり、偏差値も下がったので、駅近くを探して再移転してできた。やはり郊外移転の流れの中にあります。

こうした郊外移転は中央大や法政大や都立大や共立女子大の流れを受けて「多摩化」

と呼ばれますが、大学と近隣住民の関係を疎遠にしました。僕が勤める首都大学東京（旧・都立大学）も、学園祭の18時終了予定が5分過ぎただけでも１１０番通報された事実があります。

僕は93年に着任して近隣住民の神経質さに仰天しました。学園祭での通報にも驚きましたが、加えてもう一つ。新キャンパスは八王子市南大沢にありますが、90年代半ば時点で人口は予定の半分に留まり、『トゥナイト2』という番組で「平成の廃墟」と呼ばれました。

都は急遽《きゅうきょ》、新キャンパスに隣接する住宅都市整備公団（当時）の展示場跡地利用を検討する「南大沢活性化協議会」を設置。僕がメンバーになってショッピングモール化を提案したら、住民メンバーが「知らない人が来ちゃいますよ！」と抗議。椅子から転げ落ちた。

僕は「賑《にぎ》わいのない場所に賑わいをもたらすのに、知らない人を呼び込まないでどうするんですか」と答え、結局はショッピングモール化を答申しました。これが三井アウトレットパーク 多摩南大沢（旧ラ・フェット多摩 南大沢）。かくして賑わいのある場所になりました。

いずれにせよ、学園祭の終了が数分延びるだけで110番通報するような「神経質な新住民」がいるのは、郊外移転したどの大学も同じで、昔のような後夜祭ができません。大体どこもかしこも18時か19時終了で、1時間以内に完全撤収の決まりです。

後夜祭のキャンプファイヤーと眩暈《めまい》

祭りは元々、集合的な変性意識状態の共有を通じて新たな「我々」を作り出し、あるいは従来の「我々」を再活性化するもの。頽落《たいらく》した日常（ケガレ＝気枯れ）を、ハレ（祭りの混沌）を通じて、活気ある日常（ケ＝気）に戻す。変性意識状態とは眩暈《めまい》。眩暈《めまい》と言えば火です。

ケルトでもネイティブアメリカンでも日本各地でも、一年のある時期、先祖が地（水）平線の向こうや遠くの山からこちらに来て、暫《しばら》く一緒に過ごし、帰って行くという観念があって、迎えや送りに火を使う。ハロウィンもそうしたケルトの習俗がルーツでした。

火は集合的な変性意識状態を呼び込む古来の装置です。だから僕が中高生の時も後夜祭と言えばキャンプファイヤー。校庭で巨大な焚火《たきび》を囲んで大勢で歌を唱った。当然、古来の祭りと同じく男女が出会ってカップルになる場所（ナンパ場あるいはハッテン場）でもありました。

思えば、当時は消防も警察も寛容でした。僕は眩暈系の人間です。スピードや性愛や火が大好き。東大助手の頃（１９８０年代後半）は花見の時に代々木公園に学生院生を集めて大きな焚火をしました。その頃は公園に来ているグループがたいてい焚火をしていたものです。

公園内を小型パトカーが巡回してアナウンス。「公園内の焚火は禁じられております。おっと、そこの君たち、ちょっと火が大きすぎるな」（笑）。僕たちは慌ててバケツの水をかけて（ちゃんと用意してある！）火を小さくすると、お巡りさんたちが通り過ぎます。

行政当局の現場も、「祭りには火がつきもの」という共通感覚（コモンセンス）を持っていたことが分かります。火があるから眩暈が呼び込まれ、次第に無礼講《ぶれいこう》に近づきます。かくて集合的な変性意識状態が極点に達したとき、気の枯れた状態に気が充填《じゅうてん》される。そういう回路を、暗黙に弁えていました。

社会の発生点と、変性意識状態

「ケガレ→ハレ→ケ→ケガレ→……」という、頽落した日常に変性意識状態を用いて活性を呼び込む回路が、長らく継承されてきたのも、祭りに普段は差別される非定住民が聖なる存在として登場するのも、社会（定住）の発生点における社会以前の記憶があるからです。

祭りに被差別定住民が「芸能の民」として呼ばれたのと、祭りの屋台にヤクザ系のテキ屋が呼ばれるのも、機能的に等価な現象です。屋台のやりとりを例にとりましょう。目黒不動では毎月26日に不動祭りがありますが、テキ屋がたくさん出店を出しています。

子供がヨーヨー釣りをするとすぐに糸が切れる。子供が泣くと「お嬢ちゃん、これはどうだい?」と風船大のヨーヨーをくれる（実話）。射的をしたとき、妻が5発撃ち尽くすと「はい、これ」と再び5発。当たるまでくれました（実話）。妻がすごい美人なんでね（笑）。

テキ屋は気に入った相手にだけこれをする。そう、差別です。テキ屋を排除した町内会の祭りでは、レンタル・アコムで調達した屋台道具で近隣住民が頑張りますが、こうした差別は御法度《ごはっと》。だから祭りなのに何か足りません。やはり祭りにはテキ屋がいなきゃダメです。

「頽落した日常に変性意識状態を用いて活性を呼び込む回路」を失うという意味において、地域から祭りが失われることと、夫婦がセックスレスになることは、酷似《こくじ》します。祭りにも性愛にも「雨降って地固まる」をもたらす等価な機能があります。昔は誰もが知っていたことです。

［社会以前／社会］［遊動民／定住民］［社会以前の遊動民／社会以降の遊動民］［祝祭／性愛］……と祭りをめぐっては話が尽きないけど、ひとまず区切りをつければ、祭りをめぐる豊かなあれこれを知っていれば、青学の学園祭実行委員会はあんな決定をしなかったでしょう。

知り合いが出す音は騒音だと感じにくい

昔ながらのものには智恵が集積しているけれど、そんな智恵がどんどん失われる昨今です。そんな中でも智恵の伝承に成功している大学祭もあります。例えば早稲田大学。今も高田馬場付近には古い学生街があります。新キャンパスができてもここに本尊を残したわけです。

早稲田大学では学園祭の実行委員会の学生たちが事前に近隣を個別訪問するんです。「うるさくなりますが、よろしくお願いします」と。人は知り合いが出す音を騒音とは感じにくい。アカの他人が出すから騒音に聞こえる、という社会心理学的な傾向があります。

だから事前に挨拶して回るのはすごく大事なんです。昔はマンションに引っ越すと上下左右に菓子折を持って挨拶に回ったでしょ？　これも同じなんです。普段から知り合いになって仲良くしていれば、たまの無礼講に目をつぶってくれるようになるんですね。

普段から知り合いになって仲良くする。移転や新設がなくても、どこの大学でも近隣住民との関係は疎遠になりがちです。近隣住民が新住民化しているからです。高い流動性ゆえに住民が入れ代わるので、大学と地域の関係が遠くなってしまうということです。

では、どう対処すればいいかのヒントを考えます。学園祭の挨拶回りの時だけ大学生と近隣住民が関わるのでは足りないかもしれません。僕が東大駒場キャンパスにいた頃

「自主管理講座」があり、大学周辺の人々と学生・教員が一緒になってゼミを運営していました。

これは、大学主催のカルチャーセンターみたいな市民講座や、受験生を呼び込むためのオープンキャンパスと違い、大学周辺の人々が運営に関与していることがありました。今は制度としては難しいかもしれないけど、市民講座に「自主管理講座」的な要素を導入していくことも一案です。

そうした交流を通じて、今時の大学生のライフスタイル・考え方・価値観などを周囲の人々が知ることができます。そうすれば学生・教員と周辺の人々との間の相互理解が深まるし、普段から深い関係を結んでいれば「学園祭くらいは大目に見ようか」となります。

つまり、学園祭でだけ近隣住民に対して優しくするのではなく、普段から近隣住民に優しく接して仲良くしておくことで、学園祭ではむしろ「なんでもアリ」にするのです。そして、「なんでもアリ」のときに来てもらってこそ、さらに大学や大学生への理解を深めてもらえます。

近隣住民を絶えず包摂《ほうせつ》するという智恵

もう一つ、ミュージシャンでプロデューサーの小林武史《こばやしたけし》さんと僕はとっても親しいのだけれど、彼がやっているロック・フェス「ap bank fes」では、今申し上げてきたような「智恵」が総動員されているんです。そのやり方には敬服します。皆さんの参考になります。

まず、半年前から近隣を回ってフェスの説明をします。内容だけじゃなく、これぐらいの音が出るのでここまでこれぐらい聞こえますと説明します。そして説明した相手全員にフェスへの無料招待券を配ります。それでも「私は音楽は苦手」だという人がいます。

その場合には、「遠いところにホテルを取ります。そこでゆったり過ごして下さい」とホテルの宿泊券を渡したりしているんです。実にうまくやっているんですよ。彼のフェスにはヘビメタだとかノイズはほとんどないけれど、それでもそこまでやっています。

こうした智恵を使えば、大音量で爆音ノイズのヘビメタを、学園祭の野外ステージでやることくらいできます。ここでのキーワードは「包摂《ほうせつ》」です。近隣住民を絶えず包摂していく、近隣住民は絶えず包摂されていく。そうやって密な関係性を築いていくんです。

学園祭って「お祭り」なんでしょ？　だったらやはり「異常な高まり」が必要なんだよ。世の中クレージー・クレイマーだらけ。些細《ささい》なことに噴き上がる輩が増えた時代背景も分かるけど、まさにそうした時代背景にこそ抗《あらが》わねばならないのが、学園祭であるはず。

宮台真司を涵養《かんよう》した轟音ノイズ体験

最後に、冒頭で後回しにした部分。個人的には、爆音ノイズの経験自体が大切だと思います。僕は小さい頃から轟音ノイズを経験しまくった。建築現場でのハンマーによる破壊やパイルの打ち込み、厚木基地での戦闘機離発着、中高の野外ステージでの演奏……。

その結果、ノイズ系と呼ばれる──スラッシュ系とかインダストリアル系とか呼ばれることもある—分野が好きになりました。まもなくメルツバウ＝秋田《あきた》昌美《まさみ》さんとのコラボレーションCDまで出すというほど、今でもノイズ好きなんです。

小さい時からノイズに慣れるってことは実は重要なことです。ノイズのような未規定なもの・理解不能なものに触れることに意味があるんです。それが昂《こう》じて喋《しゃべ》りがノイジーなったんじゃないかって？　それもまあ、ありえます（笑）。

いや、そうじゃなくて、宮台真司という希有《けう》な個性（笑）を涵養《かんよう》するのに、あまたのノイズ体験が役立ってきたという話です。だから僕は子供たちに「細かい奴はクソである」「パパの言うことは大体間違ってる」と言い続けてきています。すべては「ノイズ耐性」のためです。自画自賛ですかね。

「ベビーカーでの電車内乗車」に、なぜ女性は男性より厳しい目を向けるのか

日本民営鉄道協会が調べた2014年度の「駅と電車内の迷惑行為ランキング」を発表しました「16の迷惑行為項目の中から「あなたが電車を利用される場合、迷惑と感じる行為を3つまでお知らせ下さい」という質問に対する集計結果」。

「混雑した車内へのベビーカーを伴った乗車」を迷惑だと思うのは、男性の15・8%に対し、女性はなんと30・2%とほぼ倍にもなることが分かりました。

「車内での化粧」についても、迷惑だと思うのは、男性の16・5%に対し女性は18・5%と女性の方が厳しいことが窺えます。

宮台さん、どうして女性の方が男性よりも「女性の車内行為」に対してこんなに厳しいのでしょうか?

近代的な公共性を知らない大半の日本人

まず、一般的なお話から。日本で「公共」というと、「行政は何をやっているんだ」問題になりがちで、「ノーマライゼーション」という言葉に象徴される「近代的な」公共性が欠如していることを指摘できます。

ノーマライゼーションとは、もともとは社会福祉の界隈で使われてきた概念で、非健常者にとってのバリアーを、市民相互のコミニュケーションや助け合いを通じて、いかに解消していくのか、ということを意味するんですね。

例えば、身体にハンディキャップがあるとか、幼児を連れて電車に乗らなければいけない、そういう事情を抱えた人がいたら、「そういう人は通常の人より重荷を負っているから、自分は電車を一本遅らせても、スペースを開けてあげよう」と思うこと。

これがノーマライゼーションの本質で、近代の市民社会における公共性の基本原則を表します。日本にはそういう共通感覚がありません。それが、何もかも行政の責任にされる背景であり、国際的に恥ずかしいマタニティハラスメントの背景にもなります。

さて今日の話題は、こうした話とは違った話です。ベビーカーを迷惑だと思うのは圧倒的に女性が多い。車内の化粧に厳しいのも女性。面白いでしょ。僕が、この理由に当たる、ある命題に気がついたのは、ちょうど援助交際を調べていたときのことでした。

なぜ援交から退却してガングロ化したか

1996年が援助交際のピークでした。96年の夏休みを境に、突然ピークが終わり、すぐにガングロのブームになりました。面白いことに、僕の本に縷々《るる》書いてある通り、これは、女の子が異性の視線をブロックするための工夫でした。

補足すると、ピーク時までは、影響力があるトンガッタ子たちが援交していたのが、ピーク時に地味な子たちがドッと参入してきた結果、援交が「メンヘラー」的な格好悪いイメージに変化した。それでトンガッタ子たちが援交から退却し、ガングロ化したんです。

僕は当時、渋谷の道玄坂で女の子たちをつかまえては話を聞いていたけれど、ガングロの子たちは、「え？　うちらエンコーやってないよ、やってんのはああいう白ギャル」

って言って、たまたま通りかかった白ギャルを、みんなで指さしたものです。

つまり、髪の毛にメッシュも入れてないし、肌も白い、みたいな「優等生タイプ」の女の子が、男の性的な視線を意識しすぎ、ということで、後ろ指をさされたんですね。並行して、性的にアクティブな子も、後ろ指をさされるようになったわけです。

自分(女)の反応を他の女がどう思うか

女性は一般的に「異性の視線に敏感だ」と言われます。でも、ちゃんと見ると、「異性の視線に対する自分の反応・に対する同性の反応・に対して敏感」なんです。分かりますか。要は「男の視線に対する自分の反応を、他の女が見たらどう思うか」を気にするんです。

公共性についても同じ。男性が「ベビーカー、別にいいじゃないか」「いや、よくない」という日本的論争をするとき、「だって迷惑じゃないか」「いや、ハンディキャップのある人を助けるのが公共的だろ」って具合に、何が公共的かをベタに議論するでしょう。

他方、女性は「私だったらありえない。空いてる電車を選ぶ。この時間帯に乗らないよ」となりがち。「私だったら」とか「私のまわりだったら」という具合に、近接的な同性集団内のモード─仲間内モード─を思い出し、そこから評価しがちなんです。

それは、先の援交の例にも如実に現れています。援交ブームだった頃も、ブームが終わった頃も、女子高生の間で「援交は、イケてるのか、ダメなのか」に関して道徳意識は問題じゃなく、女の子の近隣同性集団内の「視線の圧力」だけが問題だったのです。「性的に積極的であることがイケてる、とする同性の視線」に反応するか、逆に「性的に積極的であることは過剰だ、とする同性の視線」に反応するか、です。自分としての自分がどっちが良い悪いという話じゃない。まして道徳的な良し悪しの問題じゃない。

同性仲間からの圧力をパッシングする方法

同性からの圧力は大変ですが、そこで僕が指摘したいのが、女性が編み出した知恵です。当時、シノラー［90年代後半、篠原《しのはら》ともえさんが奇抜なファッションと不思議な言動でブームとなり、一部の女性から大きな支持を得た］みたいな自称「不思議ちゃん」がいたでしょ。今なら「腐女子」や「文化系女子」の自称が機能的に等価です。それって何なのか、お分かりですか？

〝「男にモテない」「男が苦手」って同性に見られるのはイヤだけど、本当は苦手〟っていう子がいる場合、「モテもいいけど、腐女子のゲームや文化系女子のゲーム――昔なら不思議ちゃんゲーム――の方が楽しい」っていう風に表明しちゃうと、楽になれます。「私はみんなとは別のゲームをやってるんです」って。「恋愛できないいんじゃなく、恋愛しないんです」って。そうやってプレゼンテーションすると、やがてそれに同調する同性の仲間もわらわら寄ってきて、視線のプレッシャーをスルーできるんですね。

それを社会学では「パッシング」と言います。つまり、後ろ指をさされそうな状況を、うまくやりすごす（＝パッシングする）ために、自分はオルタナティブモードを選んだんだっていう具合に、状況定義をコントロールするんです。

仲間の視線に敏感になれというメッセージ

まとめます。女性は、異性に対して反応する場合も、社会的な公共性に対して反応する場合も、「ウチらだったら、どうするか」と近隣同性集団からの視線を経由して、〝近しい仲間が「それもアリ」と承認してくれるだろうか〟と考えがちです。
分かりやすく言えば、「自分や近しい仲間だったら、現にそうしたふるまいがありえるか」と考えて、「ありえない」ならばフィルタリングする。これに関してはいろんな研究があって、日本に限らず女性のそうした傾向が話題になっています
では、なぜ女性がそうなのか。「生まれつき」ではなく、「そういう風に育った」可能性があります。「まわりの目に敏感にふるまえ」というメッセージに晒されて育って、自分が親になると同じメッセージを子供に与えるのです。そこから先は「鶏と卵」です。

SNSでハブられることへの怯えの拡がり

今のSNSが分かりやすいと思う。LINEを使ったイジメが知られているでしょう。同報でメッセージを送り合うLINEグループがあるけど、リアルで仲良くしているように見えて、その子だけ外したLINEグループでこっそり悪口を言う、みたいな。

LINEグループでつながってても安心できません。別のLINEグループがこっそり作られ、そこで「クソじゃね」みたいな悪口を言われているかも。LINE上ではい

くらでも簡単にグループを作れますからね。こうなれば視線に敏感にならざるをえません。

「Ｗｉｎｄｏｗｓ95」発売の１９９５年が事実上「インターネット元年」ですが、今世紀に入って、ネットでこっそり自分以外の友達がつながってる可能性に中高生の子たちが怯《おび》えるようになりました。いまでは小学校高学年にも怯えが拡がっています。

自分で自分のクビを締める残念な流れ

そこにさらに性的ことがらに対するリアクションが入ってきました。２０１０年は「ＳＮＳ元年」「Ｆａｃｅｂｏｏｋ元年」と言われますが、世界的に「ＳＮＳ退却元年」でもあります。コミニュケーションの達人たちがＳＮＳから退却していく流れが現に起こっているんです。

例えば、とてもいい発信力を持っていた大学生女子のアルファブロガーたちが、ブログどころか、ＳＮＳまで含めてネットから退却しました。同じタイミングで「ビッチ」という揶揄《やゆ》が始まるんです。昔なら「性的にアクティブな女の子」で済んでいたのにね。

かつてなら「どうやったらそんなふうに積極的になれるの？」とお手本にされたはずの女の子が、「ビッチ」呼ばわり、「ヤリマン」扱いされるわけで、そうしたコメント欄の荒れに嫌気がさし、素敵なブログを閉じた大学生女子も少なくなかったんですよ。

誰だってそんな風に言われたくない。だから、濃密な性的リレーションを持っている女性も、昨今では親しい同性に対してさえそれを隠すようになりました。それが基本的なモードになって、性愛に関する知恵が若い女性の間でシェアされなくなっています。

「自分としての自分」から遠ざかる傾向

という次第で、「女性が女性に厳しい」という厳然たる統計的傾向は、公共性を評価する場合にせよ、モテるモテないに関する評価を考える場合にせよ、「同性の仲間たちの反応を、自分の反応にする」という過剰なまでの敏感さに由来するものでしょう。

精神分析学者ジャック・ラカンは、女が「自分としての自分」としてでなく、いわば「ザ・オンナ」として反応する傾向を、〝男は「自分（男）がこの女に似合いか」と考え、女は「この男が自分（女）に似合いか」と考える〟というニーチェの言葉を引いて表現します。

それに比べれば、男性は相対的にシンプルだと言えるでしょう。男はやっぱり「おバカ」なんですよ。あっ、これはみなさんの中でも常識ですかね？　でも、世の中「おバカ」である方が、主観的にも自由だし、社会的にも望ましいという場合が、あるんですねえ。

おわりに　本書はどのようにできあがったのか

本書の元になったラジオ番組

ＴＢＳラジオ『荒川強啓 デイ・キャッチ！』の金曜コメンテーターを務めるようになったのが、１９９５年４月７日。オウム真理教の地下鉄サリン事件が３月20日で、番組開始はその直後だった。忘れもしない、番組当初はその事件の話題で埋まった。それから20年半もの年月が流れた。

番組開始に先立つ94年夏、同局の深夜特別枠で女子高生の援助交際がテーマの一時間番組のＭＣをした。僕が聞き役となって二人の援交女子高生に自分がしていることを喋ってもらう企画。僕が抱えていた援交女子高生ネットワークから、企画に相応しい子を二人選んだ。

その番組のディレクターが初代の『デイ・キャッチ！』プロデューサーに

なった。思うに、夏の援交番組は、僕をコメンテーターに据えた番組が成り立つかどうかのテストだったのだ。最初は16時から30分間の出演だった。徐々に伸びて今は1時間25分の出演枠になっている

当初から存在した僕がメインで喋るコーナーも、それに伴い時間枠が拡大された。２００８年10月からは「デイキャッチャーズ・ボイス」と名付けられた10分間のコーナーがそれになった。当日のニュースから、僕が社会学的に解説できる話題を拾って、解説を加えるものだ。

アナウンサー荒川強啓さんとアシスタントのアナウンサー片桐《かたぎり》千晶《ちあき》さんの質問に答える形式で話が進むのだが、これに続く「ニュース・クリップ！」のコーナーに半年前の２０１５年4月10日からニュースサイト『NewsPicks』編集長の佐々木紀彦さんが出演されるようになった。

そこには私も出演して佐々木さんに絡ませていただくのだが、直前の「ボイス」コーナーでの私の発言が面白いと興味を抱いて下さった佐々木さんが、「ボイス」の文字起こしを『NewsPicks』に転載させてもらえないかと、TBSラジオと私に丁寧に打診して来られた。

その転載は２０１５年10月２日まで半年間続いた。毎週１回の更新で全28回。同サイトでは異例の長期連載となった。金曜デイ・キャッチを毎回欠かさず聴いておられたＫＫベストセラーズ鈴木康成さんが、面白い本になると名告を上げて下さり、この本ができあがった次第である。

ラジオ番組に向けた準備の実際

さて、本の元になった『NewsPicks』連載時から私は、文字起こしの元になっている番組での即興喋りにウェブ記事としての質が伴っているのか不安だった。だから佐々木編集長からいつダメ出しが来ないかビクついていたのだが、気がついたらこんなに続いていた。

「ボイス」コーナーでの喋りをどう準備するのかを紹介しよう。当日の昼12時半にディレクターから、「ニュースランキング」に併せて「ボイス」のテーマを御提案いただく。そこからスタジオへ出かける14時半まで、「ランキング」と「ボイス」の話のネタを両方準備するのだ。

「ランキング」で喋ることを考えるのに１時間。「ボイス」で喋ることを考えるのに1時間。自宅であれこれ資料を調べてメモを作る。でも原則として番組ではメモを見ない。メモ通り喋ろうとぎこちなくなるのを避けるためだ。メモを作る過程で記憶しておくわけである。

メモを見ない分、コーナーでの喋りは即興になる。全ての回でメモ作成時に考えていないことを思いついた。メモ作成時に予定しておいた話を全く使わないときもあった。こうした融通無碍《ゆうずうむげ》なやり方を教えてくれたのは、実は現東京都知事の舛添要一《ますぞえよういち》さんなのである。

1990年代の半ばから後半にかけて月一度のテレビ朝日『朝まで生テレビ!』に出演していたが、そこでいつも一緒になる当時政治学者の舛添さんが、あるとき「宮台君、準備した資料をスタジオに持ち込んだから、今日の喋りがヘタクソだったんだよ」と仰ったのだ。

そんな即興喋りを『NewsPicks』のために文字起こししてみると1回分（本書1節分）の分量が400字詰原稿用紙で15枚以上。これだけの分量の原稿をたった1時間の準備で書くことは普通ない。だが、ラジオの喋りであればということで、それを自分に許している。

即興の質を支えるものへの感謝

「文字起こしの元になっている番組での即興喋りに、ウェブ記事としての質が伴っているのか不安だ」と述べたのはそれが理由だ。でもそれを『NewsPicks』の佐々木紀彦さんやKKベストセラーズの鈴木康成さんが面白いとホメて下さり、この本になった。なぜなのか。

三つ理由があると思う。第一は、番組を担当して丸2年が経ったときに感じたことだが、ニュースは繰返しだからだ。似た事件や出来事が繰返し起こるのだ。だから、「これは2年前・1年前・半年前のあの事件に似ているな」と感じながらコメントすることが、実に多い。

似た事件が反復されるたびにコメントするのだが、回数が重なるにつれてコメントの中身が練られてくる。だから、さしたる準備をしなくてもそれなりの内容が喋れるようになるのである。20年半の番組経験からすると、ほぼ全てのニュースが繰返しだと言ってよい。

第二の理由は、1980年代半ばに或る会社でマーケッターをしていて感じたことだが、学問的訓練によって習得した社会学の各種図式が、一見雑多な出来事や事件をパターン化して論じるのを容易にしてくれるからだ。洗練された社会学の理論図式がコメントを助けてくれる。

第三は、荒川強啓さんの絡みが絶妙だからだ。私が馬車だとすると荒川さんは御者。どうすれば話の脱線が元に戻るのか、どうすれば私が本気を出すのか、心得ておられる。『NewsPicks』掲載の際にはそうした絡みを取り除いたが、強啓さんに負う部分も大きい。

それ以外にも、私が食いつきそうな「ボイス」ネタを投げて下さる服部貴普ディレクターや、番組直前の雑談で多数のアイディアを提供して下さる放送作家・東郷正永さんにも、多くを負う。金曜デイ・キャッチでの私の喋りはそういうもので、一人でできるものではない。

番組プロデューサー長田ゆきえ氏、ディレクター服部貴普氏、放送作家東郷正永氏、フリーランスアナウンサー荒川強啓氏と片桐千晶氏、『NewsPicks』編集長佐々木紀彦氏、KKベストセラーズ鈴木康成氏、そして21年前に私の起用を決定された初代プロデューサー（現・編成業務局長）古川博士氏に、心から感謝申し上げたい。

構成　東郷正永
撮影　平山訓生
協力　TBSラジオ＆コミュニケーションズ
　　　NewsPicks
　　　神保哲生

※本書は2015年に弊社から刊行した『社会という荒野を生きる。
　宮台真司 ニュースの社会学』を新書化したものです。

宮台真司（みやだい・しんじ）
１９５９年宮城県生まれ。社会学者。映画批評家。首都大学東京教授。公共政策プラットフォーム研究評議員。東京大学大学院人文科学研究科博士課程修了。社会学博士。１９９５年からＴＢＳラジオ『荒川強啓 デイ・キャッチ！』の金曜コメンテーターを務める。社会学的知見をもとに、ニュースや事件を読み解き、解説する内容が好評を得ている。主な著書に『私たちはどこから来て、どこへ行くのか』『日本の難点』（幻冬舎）、『14歳からの社会学』（世界文化社、ちくま文庫）、『正義から享楽へ 映画は近代の幻を暴く』（ｂｌｕｅＰｒｉｎｔ）、『子育て指南書 ウンコのおじさん』（共著、ジャパンマシニスト社）、『どうすれば愛しあえるの 幸せな性愛のヒント』（共著、ＫＫベストセラーズ）など著書多数。

社会《しゃかい》という荒野《こうや》を生《い》きる。

二〇一八年十一月一〇日　初版第一刷発行
二〇二三年　一月三〇日　初版第四刷発行

著者◎宮台真司《みやだいしんじ》
発行者◎小川真輔
編集者◎鈴木康成
発行所◎ＫＫベストセラーズ
東京都文京区音羽一-一五-一五
シティ音羽二階　〒112-0013
電話　03-6304-1832（編集）　03-6304-1603（営業）
装　幀◎坂川事務所、フロッグキングスタジオ
印刷所◎近代美術
ＤＴＰ◎三協美術

ISBN978-4-584-12592-2 C0230

ベスト新書
592